Knaur
MensSana

Christiane

Johanna Lambert

Weise Frauen aus der Traumzeit

Das geheime Wissen der Aborigines

Aus dem Amerikanischen
von Martin Rometsch

Die amerikanische Originalausgabe erschien
unter dem Titel »Wise Women of the Dreamtime:
Aboriginal Tales of the Ancestral Powers«
bei Inner Traditions International

Besuchen Sie uns im Internet:
www.droemer-knaur.de

Vollständige Taschenbuchausgabe Mai 2000
Droemersche Verlagsanstalt Th. Knaur Nachf., München
Copyright © 1993 Johanna Lambert
Copyright © 1996 der deutschsprachigen Ausgabe
Verlag Peter Erd, München
Alle Rechte vorbehalten. Das Werk darf – auch teilweise –
nur mit Genehmigung des Verlages wiedergegeben werden.
Umschlaggestaltung: Agentur Zero, München
Satz und Herstellung: Barbara Rabus, Sonthofen
Druck und Bindung: Ebner Ulm
Printed in Germany
ISBN 3-426-87001-0

2   4   5   3   1

Dieses Buch möchte erreichen, daß wir uns wieder eine harmonische Beziehung zwischen Mensch und Natur vorstellen und von ihr träumen können. So wie die Frauen der australischen Ureinwohner Pflanzen und Samen sammeln, ist es nun an der Zeit, die Kräfte des universellen Weiblichen neu zu sammeln und die Erinnerung daran wieder wachzurufen. Die Kultur der Australiden kann uns dabei leiten.

Danksagung

Zunächst möchte ich mich bei den australischen Ureinwohnern und ihrer Kultur bedanken. Seit ich sie kennenlernen durfte, hat sich meiner Einstellung zum Leben eine neue Tür geöffnet.

Brian Syron, meinem australiden Lehrer und Freund, danke ich für seine außergewöhnliche Fähigkeit, die Kunst des Schauspielens zu lehren, und für seine profunde Kenntnis der universellen Symbolik.

Inhalt

Vorwort

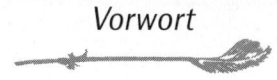

An einem dunstigen Sommertag im Februar 1862 wagte sich die sechsjährige Katie Langloh Parker (damals Katie Field) mit ihren beiden Schwestern und einem schönen, jungen australiden Mädchen namens Miola hinunter zum Fluß Darling. Wie so oft in der sengenden Sommerhitze des australischen Hinterlandes zogen die Mädchen ihre Badeanzüge an, um im kühlen Wasser zu schwimmen und herumzutoben.

Doch die Schönheit und Unschuld dieses Augenblicks kristallisierte zu einem erschütternden Ereignis, das Katies Leben und Empfinden für immer veränderte und in ihr, der Europäerin, den Sinn für das Herz und den Geist der australischen Ureinwohner, der ältesten Kultur der Welt, weckte.

Katie und ihre jüngere Schwester stiegen als erste ins Wasser und gerieten unwissentlich an eine tiefe Stelle. Plötzlich wurden die Heiterkeit und das Lachen junger Mädchen von Entsetzen und Chaos abgelöst. In panischer Angst riefen die beiden Mädchen um Hilfe. Miola, die am Ufer geblieben war, sprang ins Wasser, um Katie zu retten, während die älteste der Field-Schwestern der Jüngsten zu Hilfe eilte. Sobald Miola sich vergewissert hatte, daß es Katie gutging, lief sie los und schrie: »Rettet die Mädchen vor den wilden Schwarzen!« Dieser seltsame und schicksalhafte Satz war auf den Glauben der Ureinwohner zurückzuführen, daß »wilde schwarze Geister« unschuldige Opfer in die Tiefe des Wassers zerren, wo sie ertrinken.

Katies Vater, ein Pionier, hörte Miola, und er glaubte, sie warne ihn vor einem Angriff einiger »wilder« Australiden auf das Heim der Siedler. Während er sich darauf vorbereitete, vergab er die Möglichkeit, seine Kinder zu retten. Und als er endlich am Fluß ankam, waren Katies Schwestern beide ertrunken.[1]

Viele Jahre später, als ihr Mann sie fragte, ob sie sich davor fürchte, mit ihm aus der Stadt auf seine weit entfernte Schafranch im australischen »Niemandsland« zu ziehen, antwortete Katie ohne zu zögern: »Wie könnte ich mich vor den Ureinwohnern fürchten? Diesen Menschen verdanke ich mein Leben.«[2]

Nach diesem Kindheitserlebnis fühlte sie sich im Innersten für immer zur tiefgründigen australiden Kultur hingezogen. Im Leben, in der Seele und im Geist dieser Menschen fand sie Anregung und Inspiration, und darum widmete sie ihnen ihr Leben als Forscherin und Schriftstellerin. Die Ureinwohner betrachteten sie instinktiv als vertrauenswürdige Freundin, und sie war eine der ersten, der sie ihre Mythen offenbarten.[3]

Katie Parker war von Natur aus eine neugierige und geschickte Beobachterin, und darum war sie fasziniert von den sonderbaren Mythen, komplizierten Riten und kulturellen Geheimnissen der Ureinwohner, und sie respektierte sie. Sie durfte die Zeremonien und Riten der Australidinnen miterleben, von denen die männlichen Anthropologen meist ausgeschlossen waren.

Ohne akademische Ausbildung und Anregung sammelte, übersetzte und veröffentlichte Katie eine beträchtliche Zahl von australiden Mythen und beschrieb die Sitten und Gebräuche der Ureinwohner. Ihre australiden Freunde, die in der Nähe oder auf dem Gelände der großen Schafranch ihres Mannes lebten, erzählten ihr die weitaus meisten Geschichten. Das komplexe Übersetzungsverfahren, zu dem sie sich entschloß, illustriert, wie sehr sie sich der Genauigkeit verpflichtet fühlte: Sie ließ sich jede Geschichte mehrmals in Anwesenheit eines zweisprachigen Vermittlers erzählen. Dann las sie ihre Übersetzung vor, so daß der Erzähler die Bedeutung jedes Wortes überprüfen konnte. So vergewisserte sie sich, daß Inhalt und Gehalt der Geschichten authentisch waren.[4] Darum können diese Übertragungen unserem Verständnis der australischen Mythen Leben einhauchen – sie werden ansonsten meist in der sterilen Terminologie androzentrischer britischer Anthropologen wiedergegeben. Die Mythen wurden durch Katies Übersetzung ins Englische keineswegs »besser«. Im Gegenteil: Sie weist darauf hin, daß durch die schriftliche Aufzeichnung einer mündlichen Überlieferung die subtile, intime und diatonische Lebhaftigkeit des Erzählers und alles, was seine lebende Gegenwart übermittelte, unwiederbringlich verlorengingen.[5]

Ihre Veröffentlichungen wurden in London und Amerika begeistert aufgenommen. In Australien war die Freude dagegen viel gedämpfter. Einige australische Anthropologen bescheinigten ihr gute Arbeit; doch im allgemeinen galten die Mythen als kindisch und die Kultur der Ureinwohner als irrelevant. In einer Besprechumg vom 9. Januar 1896 im *Bulletin* wurde behauptet, die Geschichten hätten »ethnologisch wenig Bedeutung« und »diese Gruppe von Ureinwohnern (sei) offenbar in ihrer Gedankenlosigkeit ebenso glücklich wie alle Stämme«. Weiter konnte man lesen: »Die Sammlung hat zweifellos einen Wert als literarische Kuriosität – als Geplapper der Kinder unseres Australiens, das selbst in seiner Bedeutungslosigkeit in den Augen der Eltern seinen Reiz hat.«[6] Dies waren die Folgen einer weit verbreiteten übertriebenen Frömmigkeit und Ignoranz, was die Kultur der Ureinwohner betraf. Beides gab es zu Lebzeiten Katie Parkers, und beides existiert erstaunlicherweise heute noch.

Katies Leben wurde von großen Sorgen getrübt. Sie mußte miterleben, wie die Ureinwohner sich von ihrem geliebten Land zurückzogen, als die gnadenlose Kolonisation sich quer über den australischen Kontinent fortsetzte. Ihr Lebenswerk erwuchs aus einer ironischen Tragödie: Auch sie war in jeder Hinsicht ein Teil der Kolonisation, die eben das Volk auslöschte, in dessen Schuld sie stand und in dem sie soviel Schönheit und tiefe Spiritualität gefunden hatte. Die spirituelle, sexuelle und emotionale Freiheit der Australiden rief innere Konflikte mit Katies christlich-viktorianischer Erziehung hervor.

Das wurde in mehreren inkonsequenten Aspekten ihrer Forschungsarbeit deutlich. Verständlicherweise konnte sie den polytheistischen Animismus der Ureinwohner nicht ganz gutheißen. Die Australiden betrachten jedes Geschöpf und jeden Teil der Natur als spirituelle Widerspiegelung der großen Urwesen, welche die Erde schufen. Wie fast alle westlichen Gelehrten der damaligen Zeit konnte sie sich Religion nur innerhalb der engen Kriterien des Monotheismus vorstellen, im Glauben an einen allmächtigen, männlichen Gott als einzigen Maßstab dafür, ob eine Kultur »zivilisiert« ist. Ihre christliche Prägung war wohl der Grund für ihre Bemühungen, eines der mächtigen männlichen Urwesen – die Mythen nennen es Biame – mit dem christlichen Vatergott gleichzusetzen.

Indem sie den Ureinwohnern einen Monotheismus unterstellte, versuchte sie, der darwinistischen Abstempelung als »primitiv« zu begegnen und der westlichen Welt die tiefe Spiritualität und Einsicht der Ureinwohner zu präsentieren. Andererseits arbeitete sie den herrschenden männlich dominierenden Ansichten insofern entgegen, als sie das Weibliche in ihrer Sammlung von Mythen in den Vordergrund stellte und auch Biames Gattin Birragnulu als »Mutter alles Lebens« ansah.[7] In diesem Sinne trug ihre Arbeit dazu bei, den bestimmenden Einfluß eines rationalen, männlichen, an Vater und Sohn im Himmel orientierten Glaubens auf die westliche Wissenschaft zu entlarven. Sie brachte uns die ältere, erdverbundene, auf dem Weiblichen gründende Spiritualität näher.

Im vergangenen Jahrzehnt haben mehrere Anthropologinnen umfassende Studien zur Rolle der Frau in der australiden Gesellschaft vorgelegt und neue Einblicke in ihre Autonomie, die Tiefgründigkeit ihrer Riten und Zeremonien sowie ihre Rolle als Heilerinnen vermittelt. Katie Parker erkannte jedoch lange vor dieser Erweiterung des akademischen Blickwinkels, daß zwischen den uralten Riten der Australiden und den tatsächlichen magischen Ereignissen, die sie erlebte, ein Zusammenhang bestand.

Katie verdankte ihre Bekanntschaft mit der okkulten Welt der Zauberinnen zum größten Teil ihrer guten australiden Freundin Butha. Diese Frau, die über sechzig Jahre alt war, hatte ihre heilenden und magischen Kräfte nach dem tragischen Tod ihrer Enkelin erlangt. In ihrer Verzweiflung zog sie sich zurück, sprach mit niemandem und benahm sich so, daß Katie sie zunächst für verrückt hielt. Die Ureinwohner deuteten Buthas Verhalten dagegen als einen Prozeß, in dessen Verlauf ein Geist von ihr »Besitz ergreifen« würde. Nach einer längeren, schweren Krankheit tauchte Butha verjüngt wieder auf – mit der magischen Fähigkeit, zu heilen, mit den Geistern zu sprechen und Regen zu »machen«.[8] Katie berichtet, daß Butha mehrere Male

Regen auf ihre ausgedörrten Gärten niedergehen ließ.[9] Wie oft wohl sind Geisteskrankheiten, emotionale Zurückhaltung oder Impulsivität in unserer Gesellschaft in Wahrheit ein Übergang in okkulte Dimensionen des Bewußtseins?

Butha heilte auch eine junge Freundin Katies, die mit einer rätselhaften Krankheit im Bett lag. Katie sah skeptisch zu, wie Butha sich mit ihren Geisthelfern in Verbindung setzte, die als Windhauch erschienen und mit ihr flüsterten. Einer dieser Geister informierte Butha darüber, daß die Krankheit keine körperliche, sondern eine übernatürliche Ursache hatte. Die alte Frau sah in einer Vision, daß das junge Mädchen unabsichtlich die Geister eines bestimmten heiligen Baumes beleidigt hatte und daraufhin von unsichtbaren Bienen angegriffen worden war. Das erklärte die enormen Schwellungen auf dem Rücken des Mädchens, die sie allen, auch Katie, verheimlicht hatte. Buthas Arzneien heilten sie über Nacht, und die Skepsis Katies und ihrer Freundin wich dem Erstaunen.[10]

Nach der alten Überlieferung bringt die Erde nicht nur Leben hervor und füttert und schützt es, sondern sie flüstert uns wie eine Mutter zu, wie Körper, Seele und Geist eine komplexe, unsichtbare Einheit bilden und sich beeinflussen. Die Ureinwohner waren imstande, tiefreichende übernatürliche Kräfte mit den gesellschaftlichen Normen der Menschen und allen Energien in den Schöpfungen und Geschöpfen der Natur zu verschmelzen. Katie Langloh Parkers Leben und Wirken ist eine sehr frühe Brücke, die sich über einen breiten kulturellen Abgrund spannt – die verlorene Erinnerung an das Stammeserbe der Menschheit. Sie trägt uns hinüber in eine alte Zeit, als die Geschichtenerzähler noch eine rätselhafte, weibliche Wissenschaft vom Leben, von der Liebe und vom Heilen verkündeten. Die Quelle ihrer Geschichten war das kontemplative Lauschen auf die Schatten der Blätter, auf Flug und Gesang der Vögel, auf das Trippeln und Tänzeln der Tiere, auf den Ruf des Windes und der Nachteule.

Die Frauen der Ureinwohner hatten nicht nur ihre eigenen Riten, sondern sie erklärten auch den Ursprung und das Schicksal der Menschheit, indem sie Geschichten erzählten. So formten sie die Dynamik und die bleibenden Werte des Stammeslebens. In dieser Geschichtensammlung stehen Frauen im Mittelpunkt. Sie gibt uns einen Einblick in die geheimnisvollen, magischen, weiblichen und formenden Kräfte, die auf der Erde herumstreiften und in der großartigen Epoche der Traumzeit die natürliche Welt schufen. Immer erscheint das Weibliche als mächtige Mitschöpferin der Traumzeit und des Reiches der Ahnen.

Eine brillante, tapfere Frau hat diese uralten Traumzeitmythen vor dem Versinken in der Flut des Kolonialismus und des patriarchalischen Fortschritts gerettet. Diese Geschichten erinnern uns an die Freude und Tiefgründigkeit eines Lebens im Einklang mit den Mysterien des universellen Weiblichen und seines großen Traumes – der natürlichen Welt.

Einführung

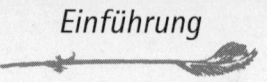

Das melodische Trällern der Elstern und das heisere, glucksende Lachen der Rieseneisvögel, die im silbergrauen Laub der Eukalyptusbäume hockten, kündigten viele Tage meiner Kindheit an und erfüllten mich damals wie heute mit dem Zauber, der dem australischen Busch eigen ist. Auch die schwülen rosa Abendwolken, die mit Tausenden von schwarzen Schwingen gesprenkelt waren, wenn die kreischenden Flughunde ins Dämmerlicht schwebten, sind in meinem Gedächtnis eingegraben. Vögel und Tiere und der betörende, zeitlose Busch spielten in meinem Leben und in meinen Träumen schon sehr früh eine große Rolle.

Als ich auf die Geschichten der Ureinwohner stieß, die K. Langloh Parker sammelte, nahm meine Phantasie die mythischen und poetischen Dimensionen der einheimischen Flora und Fauna, die das spirituelle Herzstück der australischen »Erstgeborenen« verkörpern, bereitwillig auf. Diese Zuneigung für die australide Kultur, die ich schon als naturliebendes Kind entdeckte, wächst heute noch, je mehr ich mich mit den australischen Ureinwohnern – den »Aborigines« –, ihrer Lebensweise, ihren Mythen und Geschichten, ihrem Kampf ums Überleben befasse. Sowohl die enorme Tiefe ihrer dunklen und uralten Augen als auch die grenzenlose Weite der australischen Landschaft spiegeln die unergründliche Geschichte ihrer Kultur wider. Vor allem die Australidinnen strahlen innere Kraft, Mitgefühl und ein Wissen aus, das während der letzten zweihundert Jahre der europäischen Kolonisation und des beinahe gelungenen Völkermordes durch Unterdrückung, Krankheiten und Alkohol entscheidend zum Überleben ihrer Kultur beigetragen hat. Ich glaube, die Quelle dieser inneren Kraft zeigt sich in den Urmüttern, die in dieser Sammlung beschrieben werden. Die Geschichten umfassen das ganze Spektrum, die Dunkelheit und das Licht, der weiblichen Eigenschaften und Merkmale.

Ein Ereignis, das die Offenheit und die Kraft der Australidinnen in meinen Augen wie ein Foto einfängt, war meine kurze Freundschaft mit Stella, einer Frau aus dem Volk der Tiwi, das auf der Insel Bathurst vor der Nordküste Australiens lebt. Meine Begleiterin und ich wurden eingeladen, einer traditionellen Begräbniszeremonie der Australiden beizuwohnen. Es wurde viel gesungen, geklagt und getanzt. Einmal drehte ich mich um, und mein Blick fiel auf einen schlanken, dunklen Körper, der in ein abgetragenes Kleid aus Blättern und Blüten gehüllt war. Das lächelnde Gesicht mit dem dichten Silberhaar näherte sich fast wie ein Geist, und dann setzte Stella sich mit einem anmutigen Hüftschwung neben mich. Sie war über siebzig Jahre alt; ihre Knie waren verbunden, und sie hinkte. Doch nichts konnte sie daran hindern, immer wieder mitzutanzen. Während ihrer Ruhepausen begann sie, mich über die symbolischen Rollen und die verwandtschaftlichen Beziehungen der Teilnehmer aufzuklären. Sie schmauchte ihre Krebsscherenpfeife und sprach ausführlich über ihre Kultur, ihre Familie und ihre schönen Erinnerungen an das »Buschleben« vor der Regentschaft der katholischen Mission. Ihr lebhaftes Geschnatter schloß herzliches Lachen ebenso ein wie ernste, bezwingende Empfindungen. Fröhlich und selbstsicher sprangen ihre Gedanken und Worte frei zwischen ihren Träumen, intimen Gefühlen und tiefen Einsichten in die Freuden und Probleme ihres ganz gewöhnlichen Lebens hin und her. Sie besaß nicht die höfliche Zurückhaltung und Förmlichkeit, die man bei der älteren Generation unserer Gesellschaft häufig findet. Obwohl wir nur kurze Zeit zusammen waren, weinten wir, als wir uns verabschiedeten.

Jede bisher erforschte Eingeborenenkultur hat etwas über die primären Polaritäten, die komplementären Gegensätze zu sagen, die sich in der natürlichen Welt manifestieren, zum Beispiel Nacht und Tag, Wasser und Trockenheit, Expansion und Kontraktion. Sie haben viele Namen: Allmutter/Allvater, Mond/Sonne, Erde/Himmel, Yin/Yang. Diese philosophischen und sprachlichen Strukturen sind Teil unserer traditionellen Metaphysik geworden, etwa der griechischen Mythologie, der europäischen Alchemie und der Lehre des Pythagoras. Gegensätze beherrschen auch die hinduistische Philosophie als Prakriti/Puruscha und die ägyptische Kosmologie als Isis/Osiris. Alle diese uralten Überlieferungen schreiben jeder archetypischen Polarität – dem universellen Männlichen und Weiblichen – bestimmte Merkmale zu. Diese Philosophie der universellen Polarität wurde in neuerer Zeit von Emma Jung, C. G. Jung, Marion Woodman und Joseph Campbell fortgeführt.

Die Gesellschaft der Ureinwohner gründet auf der Vorherrschaft des universellen Weiblichen. Sie drückt sich in einer unerschütterlichen Ehrfurcht vor der Erde aus, »die Mutter« der Australiden.[1] Die Gesellschaftsordnung der Ureinwohner fördert schon bei kleinen Kindern das Mitgefühl für alle Geschöpfe der Natur, für die Familie und für die Gruppe. Diese weiblichen Merkmale sind zwar bestimmend; aber sie haben nicht zu hierarchischen, auf Macht basierenden Strukturen geführt, wie es den übersteigert männlichen Merkmalen unserer patriarchalischen Gesellschaft gelungen ist. Innerhalb der universellen weiblichen Qualitäten wie Empfindsamkeit, Anpassungsfähigkeit, Zusammengehörigkeit und Diffusion, wie sie in der australiden Gesellschaft vorherrschen, finden auch Merkmale des universellen Männlichen, zum Beispiel Abgrenzung, Ordnung, Struktur und Definition, ihren angemessenen Ausdruck.

Die Dichterin und Anwältin Daisy Utemorra, eine Angehörige des Wandschinavolkes und Älteste der Kimberleystämme in Westaustralien, erzählte mir, daß Männer »erst dann in das Gesetz der Frauen eingeweiht werden dürfen«, wenn sie die höchste Stufe der männlichen Initiation erreicht haben. Die Tatsache, daß diese älteste Gesellschaft von Jägern und Sammlern eine weibliche Basis hat, stützt die Theorie der angesehenen Anthropologin Marija Gimbutas, die den Übergang von der Vorgeschichte zur Geschichte und die Ablösung des Matriarchats durch das Patriarchat untersucht hat.[2] »Dschankawu«, eine der ältesten Traumzeitgeschichten, ist ein Indiz für diese historischen Vorgänge. In dieser Geschichte entdecken die beiden Schwestern Dschankawus, daß ihr Bruder ihre Dilibeutel (Netzbeutel aus Pflanzenfasern) mit allen Insignien der Macht und der heiligen Riten gestohlen hat. Die ältere Schwester überlegt, ob es für die Frauen nicht an der Zeit sei, auf ihre Macht zu verzichten und sie zusammen mit dem Besitz des heiligen Beutels vorübergehend den Männern zu überlassen. Die Schwestern begreifen, daß sie als Frauen über ein inneres Wissen verfügen und daß sie zudem eine Gebärmutter besitzen, die nicht nur symbolisch, sondern tatsächlich die Macht hat, Leben hervorzubringen.[3]

Vor dem Hintergrund dieser historischen Erwägungen halte ich es für wichtig, diese Mythen über die Kräfte und Merkmale des Weiblichen in der australiden Weltsicht zu veröffentlichen. Da Macht und Einfluß der Frauen in den letzten zwanzig oder mehr Jahren erheblich zugenommen haben, sind diese Interpretationen des Weiblichen, einer der ältesten menschlichen Kulturen entnommen, auch für uns von Bedeutung.

Ich habe mich auf die Erforschung dieser Mythen nicht mit Hilfe der akademischen Anthropologie vorbereitet, sondern durch meine lange Freundschaft und Zusammenarbeit mit dem australiden Film- und Theaterregisseur und Schauspiellehrer Brian Syron. Syron brachte in seine Erforschung der westlichen dramatischen Literatur eine tiefe symbolische Vision ein, deren Quelle offenbar die archaischen Tiefen seiner eigenen Kultur sind. Er arbeitete mit der intuitiven Überzeugung, daß Symbole durch die Transparenz der Zeit widerhallen und daß der Symbolgehalt einer Traumzeitgeschichte auch in einem Schauspiel von Shakespeare oder Tschechow zu finden ist. Ich stütze meine Deutungen dieser Geschichten, die ausschließlich mündlich überliefert wurden, auf die Tatsache, daß ihre Symbolik »lebendig« ist, sich im Laufe der Zeit verändert und auf vielerlei Weise verstanden werden kann, ohne daß die verschiedenen Deutungen einander ausschließen. Diese uralte Art des Erzählens faszinierte K. Langloh Parker.

Katie war eine eifrige Leserin, die schon als junges Mädchen eine Leidenschaft für die europäische Literatur entwickelte und sich in der antiken Mythologie, vor allem der griechischen, gut auskannte.[4] Diese frühe Initiation in die universelle Symbolik bildete die Grundlage der Einsicht und der Aufgeschlossenheit, die es ihr ermöglichten, Bedeutung, Schönheit und Komplexität der australiden Mythen zu verstehen. In ihren Schriften weist sie auf mögliche Parallelen und symbolische Zusammenhänge zwischen den viel älteren Traumzeitgeschichten und der Mythologie jüngerer Kulturen hin,[5] aber sie geht dieser Theorie nicht weiter nach. In diesem Buch möchte ich ihre Einsichten verwerten und ihre Übersetzungen im Vergleich mit anderen Mythen der Welt deuten.

Vor zehntausend Jahren war das Jagen und Sammeln der Beginn unserer Kultur. Dieses Buch ist eine persönliche, philosophische und psychologische Erforschung bestimmter Aspekte der traditionellen australischen Ureinwohner. Der Geist dieser alten Kultur und einiger ihrer Riten lebt heute noch in vielen Ureinwohnern weiter, und er spiegelt sich in den Landschaften und Tieren dieses überaus alten Kontinents wider. Darum verwende ich in meinen Erläuterungen grundsätzlich den Präsens; denn der Geist der Kultur, die ich wachrufen möchte, ist unvergänglich.

Ich hoffe, mein kurzer Blick in die Geschichten dieser uralten Kultur vermittelt einen Eindruck von der symbolhaften Tiefgründigkeit einer Gesellschaft, deren Grundlage die ursprüngliche Weltsicht der Menschheit ist. Obwohl das Alter der australiden Kultur unter Wissenschaftlern umstritten ist – die Schätzungen reichen von 40 000 bis 150 000 Jahren –, sind die Australiden zweifellos die älteste überlebende Kultur der Erde.[6]

Traumzeitgeschichten sind die Vorläufer dessen, was wir heute Mythen nennen. In gewissem Sinne umfassen sie alle Definitionen und Funktionen, die man im Laufe der Geschichte dem Wort *Mythos* zugeschrieben hat. Mythen waren für die alten Griechen archetypische Themen und übersinnliche und psychologische Wirklichkeiten, auf deren Boden sich Religionen und bestimmte Verhaltensmuster entwickelten. In der neueren Zeit wurde diese Vorstellung von der Idee abgelöst, es handle sich um fiktive Erzählungen mit erfundenen Charakteren und Ereignissen. Traumzeitgeschichten sind Mythen, wenn wir den mythischen Prozeß als eine Art des Wahrnehmens, Erlebens und Ausdrückens der Beziehungen zwischen unserer sichtbaren Welt und den unsichtbaren Kräften, Mustern und Intelligenzen betrachten, die seit der Erschaffung der Welt existieren. In der modernen »Kosmologie der Schöpfung« ist von gewaltigen Kraftfeldern – Gravitation und Elektromagnetismus – die Rede, die das materielle Universum hervorbrachten. Diese Kraftfelder wirken immer noch auf alle Aspekte der Schöpfung ein und bleiben doch praktisch unbegreiflich und unsichtbar. Wir können sie in mancher Hinsicht mit der mythologischen Idee von a priori existenten metaphysischen Wesen vergleichen, deren Zusammenwirken die natürliche Welt erschuf und die noch heute als unsichtbare Muster und Energien alles Leben beeinflussen. Ursprünglich wurden Mythen oder Traumzeitgeschichten nicht nur erzählt oder aufgeschrieben, sondern in Kostümen vorgeführt, gesungen, gemalt und vor dem geistigen Auge gesehen, mitunter in tiefer hypnotischer oder halluzinatorischer Trance. Auf diese Weise wurden die schöpferischen Energien und Beziehungen, die hinter der natürlichen Welt verborgen sind, den Menschen bewußt gemacht. Man glaubte, der mythische Prozeß schmiede eine ununterbrochene Kette vom metaphysischen Zeitalter (der Traumzeit) zur natürlichen Schöpfung. Die Prinzipien und Zusammenhänge der Schöpfung prägen unser Leben und die fundamentalen menschlichen Beziehungen, in die wir alle hineingeboren werden. Insofern haben Natur und menschliche Gesellschaft denselben Ursprung.

Heute ist das Wort *Mythos* im Englischen gleichbedeutend mit *legend* (Legende, Sage). Es geht auf das griechische *legein* oder *logos* zurück, das »Wort«, »Licht«, »Sprache« und

»Gesetz« bedeuten kann. In einem weiteren Sinne umfaßt es den gesamten Prozeß, in dessen Verlauf die Prinzipien der Ordnung und der Wechselbeziehungen von einer Existenzebene auf eine andere übertragen werden. Mythos/Logos ist eine Aktivität des Unbewußten, in deren Verlauf grundlegende Formen und Kräfte ins Bewußtsein übertragen werden, vom Metaphysischen ins Physische, von der Natur in die Gesellschaft, vom Feinstofflichen ins Stoffliche, vom Symbolischen in die Wirklichkeit.

Mit diesen Geschichten möchte ich einen Eindruck davon vermitteln, wie eine Gesellschaft ihre Gesetze und ihr initiatorisches Wissen der verschiedenen Ebenen aus den metaphysischen Dimensionen und den Bereichen des tiefen, subjektiven Unbewußten fließen läßt. Dank ihrer Gesellschaftsnormen ist es der australiden Kultur gelungen, 100 000 Jahre oder länger zu blühen. Dafür, daß das »Gesetz der Traumzeit« weitergilt, sorgen die unveränderten Riten und Zeremonien. Sie versetzen die Ureinwohner in einen ekstatischen oder tranceartigen Zustand, so daß sie die Stimmen der Ahnen hören können, die in der herrlichen Traumzeit widerhallen.

Die moderne Welt hat sich dem ursprünglichen Prozeß des Mythos/Logos entfremdet und versucht, Gesetze und Sprache allein aus dem rationalen, bewußten Intellekt abzuleiten. Dadurch, daß wir dem Mythos einen subjektiven und fiktiven Status zuweisen, können wir unsere Verhaltensnormen und unsere Ökonomie ausschließlich auf äußere, willkürliche Strukturen gründen. Im Gegensatz zu den immanenten Mustern und Kräften der Natur und des Unbewußten schaffen unsere Normen Königreiche und Regierungen, die unaufhörlich gestürzt, zerstört oder ausgetauscht werden.

Die Traumzeit, der Ursprung aller gesellschaftlichen Normen, ist nach dem Mythos der Ureinwohner eine lange Ära »vor Beginn der Zeit«. Alle Traumzeitgeschichten oder australiden Mythen schildern Ereignisse aus der Traumzeit, einer Epoche vor dem Erscheinen der manifesten Welt. Damals erfüllten enorme mythische Kräfte und Wesen den unendlichen Raum, und sie lebten ihre Träume mit schier unbegreiflicher Intensität und Gewalt aus, unbehindert von den Grenzen der physischen Existenz. Der gesamte Inhalt des universellen Bewußtseins – jede vorstellbare körperliche und seelische Eigenschaft, Interaktion und Beziehung – strömte durch die Dramen der schöpferischen Urväter und Urmütter der Traumzeit.[7]

Die Abenteuer und die Existenzweise der großen Ahnen spiegeln sich in geringerem Umfang auch in unseren Träumen wider. Das heißt, daß Raum und Zeit in unseren Träumen unbegrenzt sind. Das Traumselbst treibt in einer Welt jenseits des Rationalen, in der Subjekt und Objekt, Form und Bedeutung sich mischen und kaleidoskopartig trennen. Wir verwandeln uns in andere Wesen, und diese verwandeln sich in uns. Ebenso wie die Eigenschaften der großen Ahnen symbolisieren die Eigenschaften des inneren Bewußtseins sich selbst in Form von Menschen, Tieren oder Pflanzen.

In der australiden Kosmologie ist die Traumzeit abgeschlossen. Doch die Energie und die feinstofflichen Muster der Abenteuer der großen Ahnen ließen den einst unbegrenzten Raum zu der Topographie und den Formen erstarren, die wir heute als materiellen Aspekt des Universums erleben. Das Land, seine Formen und Merkmale, aber auch die subtile feinstoffliche Energie, die von einem irdischen Ort ausgeht, ist der Abdruck oder die Aufzeichnung von Episoden der Traumzeit. In der Traumzeit konnten die Ahnen ihre menschliche Gestalt ablegen und sich in Tiere verwandeln, und als diese Ära der Weltentstehung zu Ende ging, zogen sie sich in ihre Wohnungen unter der Erde und im Himmel zurück. Damals wurden Menschen und Tiere verschiedene Arten. Die emotionalen, psychologischen und übersinnlichen Merkmale der Menschen bleiben jedoch symbolisiert in den körperlichen Eigenschaften und Verhaltensweisen der Tiere. Insofern basiert die Weltanschauung der Australiden also auf einer klaren Zweiheit, einer fundamentalen Dualität an der Wurzel der Schöpfung: Die Ära der Traumzeit ist zu Ende, und nach dem Traum erschienen die irdischen Schöpfungen, also die physikalische Realität.[8]

Die Mythen, die die Ureinwohner seit ungezählten Generationen weiterreichen, sind eine Visualisierung dessen, was in einer bestimmten Gegend geschehen sein muß, damit die irdische Umwelt ihre heutige Form annehmen konnte. Auf der Grundlage dieser endlosen Reihe von mythischen Begebenheiten, ihrer Bedeutung und ihrer Folgen legte die menschliche Gesellschaft Verhaltensnormen – Traumgesetze – fest. Der ursprüngliche Sinn des Mythos/Logos unterscheidet sich von unserem griechischen Erbe. In den klassischen Mythen werden die Götter oder Archetypen (Ahnen) zu universellen Einflüssen generalisiert, die mit astrologischen Bildern am Himmel und angeblich auch mit unwandelbaren Eigenschaften eines universellen kollektiven Unbewußten zusammenhängen. Die Australiden bringen diese Kräfte der Ahnen dagegen mit bestimmten Formen des Landes und Merkmalen der Natur in Verbindung, und sie glauben nicht, daß ihre innere, psychische Landschaft von verallgemeinerten kollektiven Archetypen fest-

gelegt wird. Die Ureinwohner werden durch die feinstofflichen Energien der vielen heiligen Orte, die sie besuchen,
innerlich verwandelt, und ihre Persönlichkeiten sind sehr
verschieden, je nach ihrer Rolle in der Zeremonie, die zu
einem bestimmten irdischen Ort gehört.[9]
Um seelische und gesellschaftliche Unterdrückung zu vermeiden, verboten die Ureinwohner die dunklen, übersti-
gerten, ausgesprochen egozentrischen oder überschweng-
lichen und extremen oder destruktiven Verhaltensweisen,
die die Geschichten schildern; aber sie drückten sie in bunten Zeremonien und Tänzen unverhüllt aus. Die Gesetze
der Traumzeit werden von einem stabilen Gleichgewicht
und der Harmonie zwischen den gegensätzlichen Kräften
abgeleitet, die, wie bereits erwähnt, in der natürlichen Welt
a priori vorhanden sind. Diese Kräfte – zum Beispiel An-
ziehung und Abstoßung, Abhängigkeit und Autonomie,
Kontraktion und Expansion – finden wir in der Dynamik
der menschlichen Psyche und der menschlichen Beziehungen. Der Historiker Joseph Campbell weist in seinem klassischen Werk *The Hero with a Thousand Faces* (Princeton
University Press, 1973) darauf hin, daß ein großer Teil der
Mythologie sich mit dem Ausgleichen und Harmonisieren
der universellen Kräfte befaßt, die sich in den vielfältigen
Beziehungen jedes Menschen widerspiegeln: Vater/Toch-
ter, Mutter/Sohn, Schwester/Bruder, Ehefrau/Ehemann
usw. Im chinesischen *I Ging*, dem »Buch der Wandlungen«,
symbolisieren eben diese familiären Beziehungen die universellen Ordnungsprinzipien. Wenn unsere familiären
oder gesellschaftlichen Beziehungen nicht die Verhältnisse
der metaphysischen und natürlichen Welt widerspiegeln,
können die im Verborgenen weiterwirkenden Kräfte der
Schöpfung die Menschen und die Natur nicht mehr erhal-

ten, und die Folge ist ein Kreislauf der Disharmonie, Auflösung und Vernichtung.

Diese Kosmologie hat die australide Gesellschaft dazu veranlaßt, bestimmte Normen von Generation zu Generation weiterzugeben: Regeln, die das Eheleben, den Respekt vor den Angehörigen und die Verantwortung betreffen, aber auch eine strikte Ethik in Bezug auf eine metaphysische Realität und eine heilige Erde. Die strengen körperlichen und psychologischen Tabus der familiären Beziehungen basieren auf dem Glauben, daß metaphysische Gesetze sich in den Beziehungen der Menschen widerspiegeln. In der natürlichen Welt sind beispielsweise dauerhafte, zusammenhaltende Kräfte notwendig, um Form und Substanz hervorzubringen. Die Tendenz zur Dauerhaftigkeit löst in der menschlichen Psyche den Wunsch aus, die eigenen Wertvorstellungen an die Kinder und Nachkommen weiterzugeben. Wenn diese Neigung zur Stetigkeit übersteigert oder unausgewogen ist, erzeugt sie eine stagnierende, verkehrte oder inzestuöse Atmosphäre. Die australide Gesellschaft milderte unbewußte inzestuöse Projektionen, indem sie familiäre Bindungen so umlenkte, daß sich daraus Sympathie für die größere Sphäre der Natur und eine feste Beziehung zu ihr entwickelten. An die Stelle der Kontinuität und des Strebens nach Unsterblichkeit – beides verbinden wir in unserer Gesellschaft mit Abstammung, Besitz, persönlicher Macht und der Weitergabe von Macht und materiellem Wohlstand – traten in der australiden Gesellschaft die Fortdauer einer Kultur mit metaphysischem Ursprung, deren integraler und dauerhafter Teil jedes Individuum war.

Die Ureinwohner erforschen die Kräfte des Anhaftens, des Besitzes, des Eigentums, der persönlichen Macht und der individuellen Unsterblichkeit in ihren Darstellungen der Traumzeit. Dennoch bleiben sie als soziozentrische Kultur im empfindlichen ökologischen Gleichgewicht der physikalischen Welt verwurzelt. Jedes Individuum ist in erster Linie ein wesenhafter Bestandteil einer Gruppe, in der Angehörige und Clanmitglieder genauso als Teil des Selbstes gelten wie die eigenen Arme und Beine. Keine australide Sprache hat besitzanzeigende Fürwörter. »Mein Onkel« oder »mein Bruder« sind beispielsweise »Onkel ich« und »Bruder ich«.[10] Das Gefühl der Zugehörigkeit zu einer Gruppe ist im Bewußtsein der Ureinwohner derart stark, daß ein Mensch, der isoliert wird, etwa durch Einkerkerung, vom Gefühl der Unvollständigkeit überwältigt wird. Die Folgen sind Krankheit und manchmal der Tod.[11]

Ein weiterer Schwerpunkt dieser australiden Traumzeitgeschichten ist die komplexe, unsichtbare Beziehung zwischen einer Geistexistenz und einer körperlichen Existenz, vor allem aber deren Ende im Tod. Die Geschichten schildern oft die zeitweilige Auflösung der Körper-Geist-Beziehung, die durch initiatorische Riten ausgelöst wird und einem Individuum die Wiedergeburt zu Lebzeiten ermöglicht. Der Tod, der dauerhafte Verlust des verkörperten Bewußtseins und die darauffolgende Auflösung des Leibes, gilt als größter aller Initiationsriten. Unter Initiation können wir die Ritualisierung des Todes und der Wiedergeburt verstehen, eine Erfahrung, die unbedingt erforderlich ist, wenn wir das Leben auskosten wollen, und eine Erfahrung, die wir entweder bewußt oder unbewußt suchen, um uns auf den unvermeidlichen endgültigen Übergang vorzubereiten. Für diese Vorbereitung haben die Australiden ausgeklügelte formale Zeremonien auf verschiedenen initiatorischen Stufen. Dazu gehören die schauspielerische Darstellung des Todes und tiefe, unbewußte Trance. Bei Frauen besteht die Initiation zum größten Teil aus natürlichen Vorgängen: Menstruation, Geburt und Menopause. Das Gebären bringt eine Frau an die Schwelle des physischen Todes, und durch ihre Schmerzen empfängt sie ein ekstatisches Geschenk – ein neugeborenes Kind. In geringerem Maße folgen auch Menstruation und Menopause dem initiatorischen Muster von Tod und Wiedergeburt. Die Praxis, die wichtigen Übergänge des Lebens durch Zeremonien als symbolischen Tod und symbolische Wiedergeburt zu kennzeichnen und jeder Phase des Lebens ein bestimmtes Wissen zuzuordnen, ist typisch für alle initiatorischen Gesellschaften.

Im Denken der Ureinwohner hat jede Kraft, Form und Substanz, jedes Geschöpf und Ding eine eigene Intelligenz, einen eigenen Geist und eine eigene Sprache. Ob belebt oder unbelebt, erkennbar oder nicht erkennbar – jeder Teil der Schöpfung besitzt wie wir Menschen ein unsichtbares, inneres Bewußtsein und eine äußere Form. Diese Art und Weise, die Realität zu betrachten, ist für die Australiden fundamental, und sie wird in allen Mythen deutlich.

Durch Halluzinogene, Hypnose und andere induzierte Trancezustände wissen wir, daß es eine Ebene der transpersonalen Wahrnehmung gibt und daß sie ein Aspekt des menschlichen Bewußtseins ist. Viele Yogatechniken und schamanistischen Riten lassen darauf schließen, daß der menschliche Organismus über Wahrnehmungszentren verfügt, durch die er eines intelligenten Bewußtseins in allen Formen der Existenz gewahr werden kann. Vom Standpunkt der westlichen Psychologie aus haben Stanislav Grof und andere diese veränderten Seinszustände erforscht und so unsere Einstellung zu diesen Aspekten des menschlichen Geistes erweitert. Dennoch ist unsere Gesellschaft einer geistlosen, »rationalen« Auffassung von Realität verhaftet, die uns auf gewundenen Pfaden in die Vernichtung führt. Die expansive, sensitive Einstellung zur Wirklichkeit, die die Ureinwohner Australiens und anderer Länder hegen, ist wohl die heilsamste Quelle, die wir heute suchen müssen, wenn wir die Menschheit und die Erde noch retten wollen.

Die Australiden lauschten mit all ihren Sinnen den vielfältigen Sprachen der natürlichen Welt – der Sprache der Bäume, der Himmelskörper, der Felsen, des Windes, des Wassers, des Feuers, der Schatten und der Samen. Wenn wir ein greifbares Phänomen genau beobachten, imitieren oder in Frage stellen, können wir die Botschaft der Natur über die Realität als Ganzes verstehen.[12] Die Traumzeitgeschichten sind das Produkt dieses Lauschens auf die immanente Intelligenz in allen Dingen. In vielen australiden Sprachen gibt es nur ein Wort für *zuhören* und *verstehen*.[13]

Die symbolische oder poetische Einsicht, die wir gewinnen, wenn wir über die Formen der Natur kontemplieren, hängt von einem metaphorischen Modell ab, in dem ein Ding ein anderes symbolisiert oder verständlich macht. Zum Beispiel kann ein konkreter Baum mit seinen im Boden eingebetteten Wurzeln und seinen zum Himmel ragenden Ästen das Symbol des metaphysischen »Lebensbaumes« sein, das Verbindungsglied zwischen den unteren und den höheren Welten. Wir glauben, diese metaphorischen Beziehungen würden allein von der menschlichen »Intelligenz« geknüpft und sie seien nicht mehr als Worte. Aber für die Ureinwohner sind das Wissen und die Einsicht, die sie als Metapher erlangen und immer wieder nutzen, das Produkt einer begreifbaren Energie, die tatsächlich von der beobachteten Form – Samen, Baum oder Stein – ausgeht und auf die subtile Wahrnehmungszentren im Körper reagieren.

Auf einem Tagesausflug in der fernen Wildnis eines bergigen Nationalparks begann ich über dieses Thema nachzudenken. Nachdem ich stundenlang umhergestreift war, fiel ich zu Boden und legte mich in das dicke, weiche Kissen aus roten und goldenen Blättern. Mir war, als würde ich umarmt. Ich öffnete die Augen und spürte, wie ein sonderbares Gefühl mich durchrieselte. Mein mit Worten und Ideen gefüllter Geist fing an, sich in einer Welt aus wogenden Formen, sich reckenden, gigantischen Cassarinabäumen, sinnlichen, tanzenden Eukalyptusbäumen und den wirren, bleichen Leibern gefallener Stämme aufzulösen. Ich mußte mich einen Augenblick lang zusammenreißen, damit ich nicht vergaß, zu lauschen und zu riechen. Dann begann es – ein fast unterschwelliges Schnattern von Stimmen, das von den Bäumen auszugehen schien. Einige verwandelten sich in Gedanken, andere griffen in mein Herz und in meine Lenden, als könnten sie mich wortlos verstehen. Während ich mit dem Bewußtsein dieses wundersamen Waldes verschmolz, fühlte ich mich dennoch ausgesprochen menschlich und sehr weiblich. Ich empfand plötzliche Freude darüber, daß ich einen Blick in eine Welt werfen durfte, in der die Ureinwohner offenbar jeden Tag und in jedem Augenblick lebten.

Dieses Gefühl war allerdings von Schmerzen und Zorn begleitet, weil ich in eine Kultur hineingeboren wurde, die allein dem Menschen eine bewußte Intelligenz zugesteht und sie sämtlichen anderen lebenden und unbelebten Dingen abspricht. Dieser eindimensionalen Weltsicht ist es zu verdanken, daß wir nicht aufhören, zu vergewaltigen, zu plündern, zu mechanisieren, zu sezieren und uns der natürlichen Umwelt zu entfremden. Unser Geist ist vollgestopft mit Angst, weil wir uns vergeblich bemühen, eine Welt mit dem Verstand zu begreifen, die weit über den Verstand und die äußere Erscheinung hinausreicht. Vor allem Frauen, die Kinder gebären und Sexualität innerlich erfahren, haben einen Sinn für die Empfindungen eines lebenden Wesens. Wenn wir den Frauen diese Gefühle vorenthalten, sie der Erde entfremden, sie unseren patriarchalischen Normen unterwerfen, um sie zu ehrgeizigen, autonomen, karrieresüchtigen Individuen zu machen, dann werden eben diese weiblichen Kräfte Teil des Aufruhrs und der Zerstörung, die wir überall in der Welt sehen.

Wenn moderne Frauen sich in die ältesten Überlieferungen der Australiden vertiefen, stehen sie einer Herausforderung gegenüber: Sie müssen einräumen, daß weibliche Weisheit, Ausgewogenheit, Kraft und Intuition nur möglich sind, wenn sie in der irdischen Natur und in einer spirituell ausgerichteten Gesellschaft wurzeln. Seitdem ich mich mit den Geschichten der Ureinwohner beschäftige, sehe ich mich in meiner Überzeugung bestätigt, daß das wichtigste Ziel der modernen Frau darin besteht, wieder ein gesundes und verantwortungsbewußtes Verhältnis zur Erde herzustellen und – zumindest in unseren Träumen – allmählich eine initiatorische und im Metaphysischen verwurzelte Gesellschaftsordnung aufzubauen.

Geschichten
von den Kräften
der Ahnen

Nur wenn wir mit den schöpferischen Energien, die irdische Orte ausstrahlen, auf mystische Weise verbunden sind, können wir uns an die Kräfte unseres Unbewußten erinnern und sie uns vorstellen – die großen Ahnen, denen wir diese Schöpfung verdanken. Unsere Fähigkeit, die Erinnerung an die schöpferische Urquelle zu bewahren, ist ein Faden, der den Stoff der gesamten Existenz zusammenhält. Die Erde, die wir als symbolische Stimme der Ahnen im Gedächtnis behalten, ist unser Platz in der Schöpfung. Wenn wir sie vergessen, wenn wir unsere Heimat verlieren, dann, meint der Stammesälteste und Anwalt David Mowarljarli, könnten all die Schönheit und Wunder, alle Geschichten über den Menschen und sein irdisches Leben im Abgrund des großen Unbewußten versinken, so daß niemand mehr sich daran erinnert.

Wawie und Nerida – Das Wasser-
ungeheuer und die Seerose

Als sie noch Kinder waren, spielten Nerida und Birwain gerne neben einem tiefen Wasserloch. Sie tauchten in dem schlammigen Tümpel nach Muscheln und hatten keine Ahnung davon, wie wütend sie Wawie machten, dem das Loch gehörte.

Oft hörten sie ein Donnergrollen, und wenn es sehr laut war, warfen sie ihre Muscheln weg und rannten nach Hause zum Lager ihrer Mutter. Aber sie wußten nicht, daß dieser grollende Donner in Wahrheit Wawies Stimme war, die ihnen mit einer Flut drohte, wenn sie ihm ihre Muscheln nicht zurückgaben. Denn Wawie war der gierigste aller Wassergeister, und er erlaubte niemandem, etwas anzufassen, was ihm gehörte. Die Alten Schwarzen wußten das und hatten den Kindern befohlen, nie in die Nähe dieses Wasserlochs zu gehen. Doch Nerida und Birwain dachten nur daran, daß dort die größten Muscheln zu finden waren, und darum stahlen sie sich immer wieder weg und spielten dort, bis der Donner ihnen angst machte und sie nach Hause trieb.

Eines Tages bereuten sie es, daß sie nicht auf die Warnungen gehört hatten, aber da war es schon zu spät.

Vor langer Zeit, gleich nachdem die Märchen geboren wurden, wußten die Schwarzen, daß die Welt einst in einer großen Flut versank und nur wenige Menschen gerettet wurden. Darum fürchteten sie sich, als Wawie drohte, sie alle in einer zweiten großen Flut zu ertränken, und sie mieden sein Wasserloch – alle außer Nerida und Birwain.

Wawie konnte durch das Wasser nach oben sehen. Er pflegte sie zu beobachten, und er sah, daß Nerida zu einer jungen Frau heranwuchs. Er sah auch, wie gern Birwain sie hatte.

Je mehr Wawie schaute, desto mehr dachte er an Nerida, und eines Tages beschloß er, Birwain seine Nerida zu stehlen.

Wawie war so schlau, daß er alle möglichen Wunder vollbringen konnte, und darum begann er Pläne zu schmieden. Währenddessen hatten Nerida und Birwain einander jeden Tag lieber, und sie warteten nur darauf, daß Birwain zu einem jungen Mann gemacht würde. Dann wollte er bei Neridas Familie um ihre Hand anhalten.

Wann immer sie sich unbemerkt wegschleichen konnten, gingen sie zu dem verwunschenen Wasserloch. Dort, so glaubten sie, waren sie vor neugierigen Augen geschützt. Sie wußten ja, daß alle anderen im Lager sich nicht in die Nähe des Tümpels wagten. Daß die gierigen Augen des Wasserungeheuers immer auf ihnen ruhten, merkten sie nicht.

Eines Tages, als Nerida auf Birwain wartete, setzte sich eine alte Frau, die sie noch nie gesehen hatte, neben sie und begann bitterlich zu weinen.

Nerida hatte ein gutes Herz, und die Alte tat ihr leid. Darum ging sie zu ihr und bot ihre ein paar schöne gekochte Yams an, die sie bei sich trug. »Du bist hungrig«, sagte sie. »Schau, ich habe Essen. Iß doch.«

»Ich habe keinen Hunger. Ich weine, weil ich an die Not denke, die du über deinen Stamm gebracht hast. Du siehst so glücklich aus, und doch mußt du mit ihnen sterben, und dein geliebter Birwain auch.«

Nerida wich erschrocken zurück. Sie fürchtete sich. Wer war diese alte Frau, die sie nie zuvor gesehen hatte und die dennoch wußte, daß sie Birwain liebte? Nur sie und er wußten doch von ihrem Geheimnis.

Aber ihre Neugier war stärker als ihre Angst. Sie wollte herausfinden, was die Alte meinte.

»Wie habe ich denn meinem Stamm geschadet?«

»Hast du denn nicht immer wieder Muschelschalen aus der Wohnung Wawies gestohlen? Hat er dich nicht mit seiner Donnerstimme gewarnt? Hast du nicht trotz der Warnungen deines Stammes gestohlen? Und jetzt müssen sie, die Unschuldigen, und du, die Schuldige, gleichermaßen leiden. Wie grausam von dir, dein Volk so gedankenlos der Vernichtung preiszugeben! Aber du hast mir Essen angeboten – ach, wenn ich dich nur retten könnte!«

»Gütige Bargie (ältere Frau oder Großmutter), rette mich und rette mein Volk. Laß lieber mich umkommen, nicht die Stämme. Rette sie. Rette Birwain und unser Volk.«

»Gewiß, es gibt noch andere Töchter des Stammes, die auf ihn warten. Aber er hat mit dir gestohlen, auch er sollte leiden.«

»Laß mich leiden, nur mich. Rette die anderen, gütige Bargie. Rette sie!«

»Komm morgen um diese Stunde her, und ich werde dir sagen, ob es möglich ist. Wawie tobt vor Zorn da unten. Er sagt, er schickt eine Flut, welche die Welt wieder vernichtet, und diesmal soll niemand gerettet werden – alle, alle werden ertrinken. Aber ich werde Wawie sagen, wie sehr du dich grämst wegen des Unrechts, das du getan hast, und daß du dein Leben opfern willst, um alles wieder gut zu machen.«

Nach diesen Worten verwandelte die alte Frau sich in einen Aal und schlüpfte ins Wasserloch.

Da wußte Nerida, daß sie eine von den Hexen war, von denen sie gehört hatte. Deshalb wartete sie nicht auf Birwain, sondern ging nach Hause, trauriger als jemals zuvor in ihrem Leben. Sie wußte nicht, wovor sie Angst hatte; aber ihre Angst war groß.

Als sie am nächsten Tag zum Wasserloch ging, hoffte sie, der vorige Tag möge ein Traum gewesen sein – aber dort saß die alte Frau.

»Gütige Bargie«, sagte Nerida, »sag mir, sind Birwain und mein Volk gerettet?«

»Das hängt von dir ab. Wenn du den Mut hast, mit mir ins Wasserloch zu springen, dann kann alles gut werden. Wawie sagt, du mußt selbst zu ihm gehen und ihn um Gnade bitten. Wenn du das nicht tust, wird er seine Donnerstimme erheben und seine Brüder, die Regenwinde, rufen, damit sie einen Sturm entfesseln, den die Welt noch nie gesehen hat, einen Sturm, der kein lebendes Wesen verschonen wird.«

Nerida schaute zum Wasserloch, dachte an das Ungeheuer im Wasser, schauderte und wandte sich zum Gehen.

Da hörte sie ein fernes Donnergrollen. Sie blickte zum Lager und dachte an ihren Liebsten und an ihr Volk. Seufzend drehte sie sich zur Hexe um und sagte: »Geh. Ich folge dir.«

So ein böses Lächeln hat man gewiß noch nie auf einem Gesicht gesehen. Aber Nerida war zu traurig, um seine Heimtücke zu bemerken, bevor die Hexe verschwand und ein Aal ins Wasser glitt.

Noch ein Blick ins Wasser, ein langes Schaudern, ein weiterer Blick zum Lager, ein langer Gedanke an ihren Geliebten, ein Sprung und Nerida war fort.

Später kam Birwain, um nach ihr zu sehen; doch alles, was er fand, waren ihre Spuren, die zum Wasser führten – aber nicht zurück. Da wußte er, daß Nerida gegangen war, und er stimmte die Totenklage an.

Die Leute im Lager hörten ihn und wunderten sich. Aber

als er zurückkehrte, erzählte er ihnen von den Spuren, die er gesehen hatte.

»Wawie hat sie gepackt«, sagten sie. »Wawie, das Wasserungeheuer. Du wirst sie nicht wiedersehen.«

»Meine Liebe ist größer als seine«, sagte Birwain. »Er hat sie ins Wasser gezogen; meine Liebe wird sie herausziehen.«

Und jeden Tag setzte Birwain sich an die Stelle, wo er Neridas Spuren gesehen hatte, und sang langsam ein Liebeslied:

Hier warte ich auf dich, Nerida.
Liebe meines Lebens, ich warte.
Hier werde ich warten, bis du kommst.
Komm, meine Nerida, komm.

Wer hat so geschmeidige Glieder wie du, Nerida?
Wer hat so sanfte Augen?
Dein Haar war kraus, Nerida,
Und glänzend deine Haut.

Keine war wie du, Nerida, meine Nerida.
Liebe meines Lebens, ich warte.
Herzblut würde ich für dich vergießen, Nerida.
Komm, meine Nerida, komm.

Tag für Tag setzte Birwain sich hin und sang. Die Stämme hielten ihn für verrückt – verrückt, weil er Nerida verloren hatte. Sie waren freundlich zu ihm und brachten ihm Essen, aber er sprach kein Wort mit ihnen, und sie sprachen nicht mit ihm.

Eines Tages, als er sang und das Wasser beobachtete, sah er, daß es sich bewegte und ein kleines grünes Blatt, wie ein Handteller, entfaltete sich und breitete sich auf dem

Wasser aus. Jeden Tag kam ein neues Blatt, dann kam eine Blütenknospe. Und als er sang,

Herzblut würde ich für dich vergießen, Nerida.
Komm, meine Nerida, komm.

öffnete sie sich zu einer schönen roten Wasserlilie, die ihn anzulächeln schien.

Birwain sprang auf und rief: »Es ist Nerida, meine Blüte. Sie ist zu mir gekommen. Das Warten ist zu Ende. Ich gehe zu ihr. Ich gehe!« Und er sprang ins Wasser.

Doch Wawie wollte ihn dort nicht haben. Er jagte ihn aus dem Wasserloch. Aber am Rand klammerte Nerida sich an ihn, und er wurde in eine Wasserbinse verwandelt. Und bald war der Tümpel voller roter Wasserlilien, umrahmt von den grünen Stengeln und braunen Spitzen der Binsen. Und wenn du irgendwo Wasserlilien siehst, dann siehst du auch die Binsen. Und wenn du Wasserlilien sammelst, solltest du dieser alten Geschichte zuliebe auch eine Handvoll Binsen mitnehmen, damit Nerida und Birwain nicht getrennt sind.

Erläuterungen

Das Glück der Vereinigung, das schöne junge Liebende in einer ekstatischen Umarmung erfahren, gilt in allen Kulturen der Welt als Annäherung an den höchsten Zustand der absoluten Einheit. Die schöpferische Einheit, der Urgrund, ist jenseits der Sprache und sogar jenseits der Götter. Diese mystische Erfahrung wird zugänglich, wenn ursprüngliche Dualitäten verschmelzen: das Männliche mit dem Weiblichen, Yin mit Yang, die Sonne mit dem Mond. Trotz ihrer Intensität und ihrer Macht sind die Götter oder Ahnen lediglich dauerhafte Aspekte dieses universellen Ganzen, und sie sehnen sich voller Eifersucht nach der höchsten Glückseligkeit, die romantischen Liebenden zuteil wird. Von der römischen bis zur indischen, von der mexikanischen zur australiden Mythologie – überall werden die Götter und Ahnen als neidische Wesen dargestellt, die nach den ekstatischen Tiefen der Leidenschaft und Verzückung gieren, welche die romantische Liebe wachruft.

In dieser Geschichte begegnen wir dem Zorn Wawies, des Wasserungeheuers, das auf Nerida und Birwain neidisch ist. Wir unternehmen eine vertraute Reise durch die Freuden und Leiden wahrer Liebe und werden Zeugen des Opfers, das die schöne, jungfräuliche Nerida dem dunklen Herrn der Unterwelt bringt. Wieder einmal begegnen uns in den älteren Traumzeitgeschichten der Australiden bereits viele archetypische und menschliche Eigenschaften und Interaktionen, die wir aus anderen Mythologien der Welt kennen. Neridas Selbstopfer ähnelt dem der schönen griechischen Göttin Persephone, die von Hades vergewaltigt und in sein unterirdisches Reich verschleppt wird. Nachdem Zeus sie befreit hat, darf Persephone ein Drittel des Jahres in der Dunkelheit der Unterwelt verbringen und zwei Drittel in der oberen Welt.[1] Persephones Aufstieg aus der Unterwelt fällt mit der jährlichen Wiederkehr des Frühlings zusammen. Ursprünglich trug sie den Schlüssel zum Himmel und zur Hölle in sich, die Polaritäten der negativen und positiven Seiten des Weiblichen.[2] Die Entführung Persephones weist darauf hin, daß diese absoluten Kräfte des universellen Weiblichen in der natürlichen Welt getrennt werden müssen, so daß sie den Gesetzen der Dualität, des jahreszeitlichen Wandels und dem Wechsel zwischen Dunkelheit und Licht unterworfen sind. Auch Nerida entkommt der Unterwelt in Gestalt der roten Wasserlilie, die sich öffnet und schließt, so wie sich Nacht und Tag und die Jahreszeiten abwechseln.

Die Wonnen ihrer romantischen Liebe veranlassen Nerida und Birwain, sich so zu verhalten, als befänden sie sich jenseits oder über den Gesetzen der Gesellschaft und der Natur. Diese australide Erzählung schildert ihren Tod und ihre Transformation durch Initiation. Die Initiation wird von Bargie geleitet, der dunklen Frau, deren verborgene Natur offenbar wird, als sie sich in einen Aal verwandelt. In Ägypten und anderen Kulturen wird der Aal als göttlicher Retter der Seele verehrt. In den Mythen der Maoris war der Aal ein Erlöser, der sich selbst opfert.[3] In unserer Geschichte erlöst der Aal Nerida, indem er sie dazu bewegt, sich zu opfern, und dadurch eine verheerende Flut verhindert.

Der australide Ahne Wawie gleicht dem griechischen Meeresgott Poseidon, der ebenfalls für seine Gier bekannt war. Als jemand Poseidon (den man auch den »Erderschütterer« nannte) Geld schuldete, sandte er ein Meeresungeheuer, um die Stadt Troja heimzusuchen und die Göttin Hesione zu entführen.[4] Auch Wawie droht Neridas gesamtem Stamm mit Tod und Verzweiflung durch eine Flut, nur weil die Liebenden heimlich Muscheln aus seinem Wasserloch holten.

Das zweite mythische Motiv in unserer Geschichte, die Flut oder Sintflut, fesselte die Phantasie vieler Kulturen aller Zeitalter. Wasser, das Medium des Lebens, der Nahrung und des Wachstums, kann sich leicht in eine vernichtende, tödliche Flut verwandeln. Die biblische Version eines verheerenden Regens, mit der wir am besten vertraut sind, ist nur eine von vielen Geschichten dieser Art, die bis in die graue Vorzeit zurückreichen. Die Verwüstung, die eine solche Flut hervorruft, gilt oft als Reinigung und Vorstufe einer Wiedergeburt. Indoeuropäische Kulturen glaubten, das

Wasserchaos« werde die Erde am Ende eines ihrer Zyklen verschlingen und so die Wiedergeburt einer neuen Welt ermöglichen.[5] Auch in der australiden Kultur gilt die Flut als Ende eines Zyklus. In dieser Geschichte von der Wasserlilie und dem Ungeheuer ist Wawie mit dem Selbstopfer Neridas zufrieden und hält das zerstörende Wasser zurück.

Die Geschichte enthält nicht nur mythische Elemente, sondern auch Bemerkungen über gesellschaftliche Werte, zum Beispiel über die große Bedeutung heiliger Orte. Die Liebe macht Nerida und Birwain so glückselig, daß sie darüber die Wirklichkeit vergessen und trotz der Warnungen ihres Stammes immer wieder ans Wasserloch gehen, das Wawie heilig ist. Alle auffälligen Plätze, zum Beispiel tiefe Höhlen, Felsnasen oder ungewöhnlich geformte Berge, gelten als Schöpfung eines bestimmten Traumzeitwesens und sind für Individuen oder Gruppen von spiritueller Bedeutung, wenn sie Nachkommen dieses Urwesens sind. Diese metaphysische oder spirituelle Verbindung zwischen Mensch und Land ersetzt die westliche Vorstellung vom Eigentum. In der Sprache der Ureinwohner gibt es keine grammatische Form, um Besitz auszudrücken, erst recht nicht Besitz von Land. Ob bestimmte Gruppen von Menschen ein Recht an einem Stück Land haben, ob sie dafür verantwortlich sind und ob sie es betreten dürfen, richtet sich nach den metaphysischen Geschichten, die mit jedem Gebiet des Landes verbunden sind. Einige heilige Orte strahlen positive Energie aus und ermöglichen Offenbarungserlebnisse, die mit Fruchtbarkeit und Initiation zu tun haben; andere gelten als gefährlich und sind verboten. Wenn ein Uneingeweihter einen heiligen Ort aufsucht oder wenn er dabei ein Tabu mißachtet, sind die Folgen schwerwiegend. K. Langloh Parker schreibt von mehreren Wasserlöchern, in denen angeblich Wesen hausten, die ihre Opfer verschlangen oder in einen Strudel zerrten. Den Ureinwohnern ist es streng verboten, in diesen Wasserlöchern zu baden.[6]

Aber die Liebenden begaben sich nicht nur an einen heiligen Ort, sie stahlen auch Wawies Muscheln. Uns erscheint das als harmlos; aber die Kinder der Ureinwohner lernen sehr früh, daß ein solches Verhalten nicht ertaubt ist. Mütter schärfen ihren Kindern immer wieder ein, was sie nicht an sich nehmen dürfen. Katie beobachtete zum Beispiel Frauen, die einen Tausendfüßler fingen, ihn im Feuer rösteten und die Hände ihrer Kinder mit dem steifen Körper des Insekts berührten. Die Hunderte von Beinen des Tausendfüßlers symbolisieren den Instinkt, etwas zu ergreifen oder zu nehmen, und das Braten des Insekts spielt darauf an, daß ein Gesetz der Natur Gier bestraft. Die Mütter sprechen dabei folgende Worte:

> *Gierlaji gilajer*
> *Wahl munnumerdajer,*
> *Wahl murunbagu,*
> *Gierlaji gilajer*

Das bedeutet:

> *Sei brav,*
> *Stehle nicht,*
> *Berühre nicht, was andern gehört,*
> *Laß das alles in Ruhe,*
> *Sei brav.*[7]

Nerida bekundet zwar mangelnden Respekt, weil sie Wawies Muscheln nimmt; andererseits zeigt sie Bargie, der alten Frau, daß sie freundlich und großzügig ist. Großzügigkeit wird bei australiden Kindern schon sehr früh gefördert. Das Teilen ist ein instinktiver Reflex der Ureinwohner. Kein Mitglied eines Clans oder Stammes muß hungern; alles, was bei der Jagd erbeutet wird, wird ganz selbstverständlich geteilt, das verlangt das Verwandtschaftssystem. Dieses Verhalten paßt nicht in die moderne Gesellschaft, die auf Wettbewerb und Eigennutz basiert und Individuen ermuntert, den Lohn ihrer Arbeit zu behalten und anzuhäufen. In unserer Gesellschaft ist tätige Nächstenliebe nicht die Norm, sondern ein ungewöhnliches Verhalten, das besondere Anerkennung verdient. Nach Katies Beobachtungen steht die Beziehung zwischen Mutter und Kind bei den Ureinwohnern in scharfem Gegensatz zu unseren Einstellungen. Sie beschrieb, wie eine Mutter oder Großmutter reagiert, wenn ein kleines Kind zum erstenmal etwas aufhebt und den Arm ausstreckt, als wolle es den Gegenstand jemandem geben: Die Frau schnalzt fröhlich mit der Zunge und singt einen anderen mantraähnlichen Spruch, der das Kind unterschwellig beeinflußt:

Unagnai Birralie,
Unagnu Birralie,
Unagnu Birralie,
Gunnugnu Birralie,
Gunugnu una Birralie.

Das bedeutet:

Gib es mir, Kleiner,
Gib es ihr, Kleiner,
Gib es ihm, Kleiner,
Gib es einem, Kleiner,
Gib es allen, Kleiner.[8]

Eine Art Mantra spricht auch der einsame junge Birwain in dieser Geschichte. Mantras sind bekannte Instrumente der Askese und werden bei östlichen und westlichen spirituellen Praktiken benutzt. Der Trancezustand, in den Birwain sich versetzt, ermöglicht ihm den Kontakt mit dem Geist seiner geliebten Nerida, die in eine rote Wasserlilie verwandelt wurde. Die Farbe rot wird schon immer mit Leidenschaft, Vitalität und Sexualität assoziiert. Die Lilie ist in vielen Kulturen der jungfräulichen Göttin geweiht und das Symbol des Weiblichen und der weiblichen Genitalien. In Kreta war die Lilie der »süßen Jungfrau« heilig, die von Minos gejagt wurde, und auch der samthäutigen Nerida, die Wawie begehrt und verfolgt, ist diese Blume heilig. Die afrikanische Wasserlilie war der heilige Lotus des alten Ägyptens; sie symbolisierte Fruchtbarkeit und Auferstehung, weil sie im lebensspendenden Nil wuchs. In biblischen Zeiten war die Lilie das Symbol der Macht, die das Böse bekämpfte, und man glaubte, sie könne vor Hexen schützen.[9] In vielen Kulturen wurde die Lilie auch Passionsblume genannt und mit tiefer Leidenschaft und Liebe assoziiert, wie diese Geschichte sie ausdrückt.[10] Im Grunde passen alle diese Assoziationen zur Symbolik der Lilie in unserer australiden Geschichte.

In ihrer unsterblichen Form als Wasserlilie und phallische Binsen mit braunen Köpfen symbolisieren Nerida und Birwain das Thema aller romantischen Philosophien: daß die Vereinigung des Männlichen mit dem Weiblichen in der Liebe den Tod überdauert. Die Australiden denken an diese metaphysische Wahrheit, wenn sie die zarten Lilien zwischen den Binsen sammeln, und sie genießen sie wegen ihrer sinnlichen Form ebenso wie als Nahrung.

Dinewan, der Mann, verwandelt sich in Dinewan, das Emu

Einmal schlich sich ein Stamm nachts zu einem anderen Stamm, überraschte die Leute und tötete viele. Danach machte ein Sänger des überfallenen Stammes ein Lied, in dem er vom Tod seiner Feinde sang. Das war eine schlimme Beleidigung. Da erhob sich ein Sänger des beleidigten Stammes. Auch er hatte ein Lied gemacht. In seinem Lied sang er von den vielen Toten des anderen Stammes.

Als diese Beleidigungen die Wut beider Stämme neu entfacht hatten, kam es zu einer großen Schlacht, in der alle kämpften, deren tote Angehörige besungen worden waren. Ein Mann beteiligte sich nicht am Kampf, denn niemand hatte seine Toten erwähnt. Doch in der allgemeinen Verwirrung traf ihn ein Speer in die Brust, und er fiel tot um. Seine Mutter eilte zu ihm und rief: »Wer hat meinen Sohn getötet? Wer hat meinen Sohn getötet?«

Aber niemand wußte es. Ihr Stamm kam zu ihr, doch sie winkte mit den Armen und sagte: »Geht alle weg. Laßt mich mit meinem Sohn allein.«

Stumm umringten sie die Frau. Sie wurde zornig und die Kraft ihrer Wut vertrieb sie. Sie flohen und ließen sie mit ihrem Toten zurück. Als sie sich über ihren Sohn beugte, sah sie, daß sein Geist den Körper verlassen hatte. Da sie seinen Minga (Geistbaum) kannte, ging sie ihn dort suchen. Drei Tage lang beobachtete sie diesen Minga, drei Tage

46

lang lief sie pausenlos um ihn herum, und am dritten Tag fand sie den Geist ihres Sohnes. Sie nahm ihn und steckte ihn zurück in den Körper, aus dem sie den Speer bereits herausgezogen hatte. Die Speerspitze hatte in der Brust ihres Sohnes eine tiefe Wunde zurückgelassen.

Als der Geist wieder im Körper war, erhob er sich und folgte seiner Mutter, um wieder zum Stamm zurückzukehren. Die Verwandten sahen die Mutter kommen und stimmten das Totenlied an. Sie brachte sie zum Schweigen und sagte: »Warum klagt ihr denn? Mein Sohn lebt.«

»Aber nein«, sagten sie. »Wir haben ihn tot zurückgelassen. Hast du ihn nicht begraben?«

»Nein, er lebt. Er ist da. Geh jetzt«, sagte sie zu einem jungen Mädchen, mit dem sie verwandt war. »Geh zu deinem Angehörigen. Er sitzt dort drüben.«

Das Mädchen lief in die angezeigte Richtung, und bald hörte der Stamm ihren freudigen Ruf. Einer nach dem anderen folgte ihr, und sie sahen, was sie gesehen hatte – der Verwandte, den sie tot zurückgelassen hatten, saß lebendig vor ihnen.

Laut riefen sie: »Duggaandie gurrunahdie gnai«, was bedeutet: »Schön, dich zu sehen, Onkel.«

Aber er antwortete nicht auf die frohe Begrüßung. Und als sie näherkamen, erhob er sich und rannte weg. Noch als er sich umdrehte, sahen sie, wie er sich krümmte und sein Körper sich veränderte. Er verwandelte sich in den größten Vogel, den sie jemals gesehen hatten. Heute nennt man diesen Vogel Dinewan, und das war auch der Name des Mannes. Der Vogel hat oben auf der Brust eine Delle, so wie der Speer sie in die Brust von Dinewan, dem Mann, gemacht hatte.

In diesem Mythos von Dinewan taten die Ahnen etwas, was unter Menschen als schwerer Verstoß gegen das Traumgesetz gilt: Sie sprachen oder sangen die Namen der Getöteten. Die Ureinwohner geben sich jede erdenkliche Mühe, um zu gewährleisten, daß der Name eines Toten nicht ausgesprochen wird. Wenn jemand Opossum heißt, ist es nicht nur verboten, diesen Namen auszusprechen, sondern der ganze Stamm ändert auch den Namen des Tieres. Der Stamm der Eualaji, über den Katie Parker schreibt, glaubt, daß der Geist eines Verstorbenen aus dem Grab steigt und zu seinen toten Verwandten geht. Diese helfen ihm auf der schwierigen Reise ins Totenreich, ins »Himmelslager«. Rufen jedoch die Lebenden den Namen des Toten, gerät dieser in Versuchung, als verzweifelter, körperloser Geist auf der Erde zu bleiben, was unter den Lebenden Unruhe hervorruft. Wir können aus dieser Geschichte schließen, daß der unschuldige junge Dinewan die indirekte, tragische Folge eines verletzten Tabus war – die Namen der Toten waren ausgesprochen worden.

Die verschiedenen Rollen der Mutter in diesem Mythos weisen auf die Rolle der Frau in der australiden Kultur hin. Im allgemeinen sind die Frauen die Hüterinnen der natürlichen Gesetze und die Beschützerinnen des körperlichen Lebens, während die Männer die Hüter der spirituellen Ebenen sind, in denen die Ungeborenen und die Toten wohnen. Frauen sind oft Schiedsrichter bei Streitigkeiten, und meist findet ein ritueller Kampf erst statt, wenn Frauen anwesend sind. Die Mutter in dieser Geschichte nimmt die Dinge selbst in die Hand, und in ihrem leidenschaftlichen Zorn holt sie den Geist ihres unschuldigen Sohnes zurück. Sie wartet und geht drei Tage lang um den Mingabaum herum, der die vollendete Loslösung des Geistes nach dem Tod des Körpers symbolisiert. Dieser Zeitraum erscheint in vielen anderen Mythen. Ein Beispiel sind die drei Tage im Grab vor der Auferstehung des Christus. Noch größer ist die Ähnlichkeit zwischen den Mythen von Dinewan und von Osiris, dem ägyptischen Gott des Todes und der Auferstehung. Der Osirismythos ist älter als die biblische Geschichte. Osiris wurde nicht von seinem Vater, sondern von seiner göttlichen Mutter Isis von den Toten auferweckt.[1] Wie Dinewans Mutter wollte Isis zuerst erreichen, daß Osiris »sich aufrichtete«. Das hört sich an wie die Wiederbelebung des erigierten oder »wirklich« männlichen, phallischen Geistes. Bei den australischen Ureinwohnern fördern die männliche Spiritualität und die Religion (durch die Initiation) die Annahme der tiefgründigen Verhaltensmuster, die jedes verkörperte Leben hervorbringen, schützen und hegen und die »Muttergesetz« heißen. Sowohl Dinewans Mutter als auch Osiris' Mutter bemühen sich zuerst darum, dieses Gesetz zu befolgen. Sie symbolisieren den schöpferischen Aspekt des Weiblichen, der sich von dem Gedanken löst, die Nachkommen zu besitzen, und statt dessen die persönliche Bindung auf eine universelle Ebene der Anteilnahme am Schicksal der Gesellschaft und der Natur hebt. Das steht im Gegensatz zum Mythos »Die Wirrinunmutter und ihr Wirrinunsohn« (Seite 123), in dem wir erfahren, wie die Australiden die dunkle, feminine Kraft erklären, die durch das Prinzip der Mutterschaft wirkt.

In dieser Geschichte von Dinewan starb der Körper in den Augen der Ureinwohner eines unnatürlichen Todes, das heißt, es wurde gegen das Traumzeitgesetz verstoßen. Die Mutter, die den Geist des Sohnes suchte, wollte nicht nur das Gleichgewicht auf der metaphysischen Ebene wiederherstellen, sondern auch dafür sorgen, daß die archetypische Ordnung bis zur emotionalen und menschlichen Ebene vordringt – sie wollte den Mann »aufrichten«, so daß er sich von seinen Verwandten verabschieden und den Schock seines Geistes nach dem verfrühten und unnötigen Tod lindern konnte. Das Zurückbringen eines Geistes in einen Leib, der als tot gilt, kommt im Leben der Ureinwohner häufig vor. In ihrem Buch *More Australian Legendary Tales* berichtet Katie Parker von einem Kleinkind, das ins Leben zurückgebracht wurde. Zwei Wirrinuns (Medizinmänner oder -frauen) »flößten ihm wieder Atem ein«. Katie sprach mit einigen Zeugen, und alle bestätigten den Vorfall und beschrieben, wie »die Wirrinuns den Atem einfingen, kurz nachdem er das Kind verlassen hatte, und ihn durch dessen Mund zurückbrachten. Dann machten sie sich daran, die Krankheit aus dem Körper zu saugen, so daß das Kind genesen konnte.«[2]

Es ist interessant, wie der Emu gleichzeitig Eier ausbrütet und seine Jungen füttert. Das Weibchen läuft mit allen Küken immer wieder einige Schritte weg vom Nest und dann wieder zurück, um die Eier zu schützen. Dieses Verhalten wird im zentralen Arnhemland (in Nordaustralien) durch den Begräbnistanz dargestellt, der den Emu imitiert und die Neigung des Geistes symbolisiert, nach dem Tod immer wieder zum Körper zurückzukehren.[3] Darum begraben die Australiden ihre Toten in zwei Phasen. Die Vorstufe erlaubt es dem Geist, eine Zeitlang zu kommen und zu gehen. Erst nach der endgültigen Bestattung zieht er sich ins Totenreich zurück. Der Emu symbolisiert in verschiedener Hinsicht ein Stadium zwischen der spirituellen und der materiellen Welt, vor allem deshalb, weil er flugunfähig ist. Der Emu gehört einerseits zur Familie der Vögel, die fliegen können und dem Geist gleichen; andererseits ist er flügellos und an die Erde gebunden.

Wenn ein Knabe seinen ersten Emu tötet, muß er sich auf den warmen Körper legen. Dabei empfindet er tiefes Mitgefühl für seine tote Beute. Wenn der junge Jäger sich schließlich vom toten Vogel erhebt, symbolisiert er die Wiedergeburt, weil sein Leben von nun an von diesem Tod genährt wird. Auch eine Methode, den Emu zu kochen, zeigt seine symbolische Verbindung mit der Wiedergeburt. Wenn ein Emu gejagt und getötet wurde, rupfen ihm die Australiden sorgfältig die Federn aus und schlitzen die Haut vom After bis zum Hals auf. Sie ziehen die Haut in einem Stück ab wie einen Pullover; dann stopfen sie sie mit Gras und Federn voll und verschließen die Öffnung mit Pflöcken. In diesem Ritus nimmt der Emu im Tod eine andere Körperform an. Das ist ein hervorragendes Beispiel dafür, wie strikt die Ureinwohner sich den spirituellen und mythischen Aspekten ihres Alltags unterwerfen.

Vögel sind das Symbol der Wiedergeburt; denn sie werden »zweimal geboren«, zuerst als Ei, dann als Küken. Der unschuldige Dinewan wird in einen Emu verwandelt, weil seine Mutter verlangt, daß das Traumzeitgesetz respektiert wird. Die typische Vertiefung auf der Brust des Emus (sie symbolisiert die Wunde des Mannes) weist darauf hin, welche herzzerreißenden Folgen die Mißachtung des Traumzeitgesetzes hat. Die Wiedergeburt des Mannes in Form eines der großen, uralten Archetypen (der flugunfähige Vogel Emu) tröstet die Lebenden, weil der Emu ewig auf den Ebenen zu sehen sein wird und man seinen Geist immer dann herbeiruft, wenn man seine schönen Federn als Schmuck für Zeremonien benutzt oder seine großen grünen Eier als Delikatesse verzehrt.

Prachtwicke,
die Blutblume

Eines Morgens wurde beim Stamm am Fluß viel getuschelt, denn in der Nacht war Wimbakabolo geflohen und hatte Purlimil mitgenommen, die Tirtla versprochen war. Die Ältesten saßen zusammen und überlegten, wie man die beiden fangen konnte. Während sie sich unterhielten, kam ein junger Mann und meldete, die Spuren der Flüchtigen führten zum großen Baulka (See), wo zur Zeit Jäger lagerten, die wie Wimbakabolos Vater zu einem Stamm aus dem Hinterland gehörten.

Da wußten die Ältesten, daß die Flüchtigen bei diesem Stamm Schutz suchten. Sie riefen die Kämpfer zusammen und sagten: »Holt eure Waffen. Wir werden zu diesem Stamm gehen und verlangen, daß er uns die Geflohenen ausliefert. Wimbakabolo werden wir töten, Purlimil soll Tirtla töten oder behalten, wie es ihm gefällt.«

Bald zogen sie los, nachdem sie die volle Kriegsbemalung angelegt und sich mit vielen Waffen versehen hatten. Am dritten Tag sahen sie die Lagerfeuer, und sie schickten Boten zum anderen Stamm, dessen Älteste sie empfingen und sich ihre Forderung anhörten: Wimbakabolo und Purlimil sollten herausgegeben werden.

»Schickt mich nicht zurück zu dem alten Tirtla«, rief Purlimil weinend. »Zwei Frauen hat er mit seinem Waddy (Holzknüppel) totgeschlagen. Ich will nicht die dritte sein.« Und sie schluchzte laut.

»Hör auf zu weinen«, sagte Wimbakabolo. »Ich liefere dich keinem Mann aus. Eher töte ich dich mit meinem Speer.« Dann wandte er sich an die Ältesten. »Laßt Tirtla gegen mich kämpfen wie ein Mann. Aber er ist feige. Männer aus meines Vaters Stamm, die uns Schutz gewährten und die uns zu essen gaben, als wir hungrig waren, erinnern sich daran, daß mein Vater einst zu euch gehörte und daß er ein großer Krieger war, der eure Feinde erschlug, als wären sie Ameisen, so stark war er. So wie er für euch kämpfte, will sein Sohn künftig für euch kämpfen, wenn ihr ihm nun helft. Ich liebe Purlimil mit den sternklaren Augen seit langem, und ihr Herz war immer mein. Kann eine Frau auf Befehl der Graubärte ihr Herz einem Frauenschlächter zuwenden, ihren Liebsten verlassen, der jung, stark und gerade ist, und zu einem gebeugten Krüppel gehen? Denkt an meinen Vater, bevor ihr seinem Sohn und seinen künftigen Enkeln die Hilfe verweigert. Wir werden niemals zum Stamm Tirtlas zurückkehren, eher spieße ich Purlimil, die Liebe meines Herzens, so wie sie vor euch steht, mit meinem Speer auf und vermische mein Blut mit ihrem.«
Wimbakabolo richtete sich hoch auf und stand als mächtiger und grimmiger Krieger vor den Ältesten. Sie sagten: »Narren wären wir, den Sohn unseres alten Anführers unseren Feinden auszuliefern. Er soll uns führen, wie sein Vater es vor ihm getan hat, und seine Purlimil soll Mutter von Kriegern werden, die ihm folgen. Denn der Clan von Wimbakabolo ist stark, er bringt Männer wie Berge hervor, wie der Name sagt.«
Dann wandte einer der Ältesten sich an die Boten und sagte: »Laßt Tirtla allein hinaus auf die Ebene kommen. Dort wird Wimbakobolo ihn treffen, und dort können sie kämpfen. Wenn Tirtla sich weigert, dann schickt den Feigling in

sein Land zurück, damit er dort bleibe. Wimbakobolo bleibt bei uns. Wir liefern ihn niemandem aus.«

Die Boten gingen zum Stamm zurück, aber Tirtla nahm die Herausforderung nicht an und ging mit den anderen zurück zum großen Fluß.

Wimbakobolo und Purlimil lebten in Frieden, und der Stamm, zu dem sie gekommen waren, liebte beide, denn er war ein mächtiger Jäger und sie sang liebliche Lieder.

Nach einiger Zeit begannen die kalten Winde am Baulka zu wehen. Der Stamm verlegte sein Lager auf die andere Seite, wo mehr Bäume Schutz und Brennholz boten, denn der Winter war nahe. Bevor der Winter vorbei war, wurde Wimbakabolo und Purlimil ein Sohn geboren, und als der Stamm sah, wie groß er war, lachten alle und nannten ihn »kleiner Häuptling«. Sie brachten ihm Spielzeugbumerangs, Wurfstöcke und andere Dinge als Geschenke, und die Augen seiner Mutter leuchteten vor Stolz. Der Vater begann bereits, Waffen für ihn zu machen, damit er sie eines Tages gegen die Feinde des Stammes einsetzen konnte, denn der Stamm hatte ihnen Schutz gewährt.

Und Purlimil sang ihre Lieder, und ihr Kind krähte und lachte, und der Vater sprach nicht viel, während er mit einem Opossumzahn Waffen schnitzte. Doch auf seinem Gesicht lag so viel Stolz, wenn er ab und zu einen Blick auf seine Frau und sein Kind warf, daß alle, die sein Glück sahen, lächelten und froh waren, daß die Ältesten Purlimil nicht Tirtla, dem Frauentöter, zur Braut gegeben hatten.

Der Winter verging, und als der Sommer kam, bereiteten sich alle auf die Rückkehr zu ihren Jagdgründen vor, wo sie die beiden Flüchtlinge aufgenommen hatten.

Aber Purlimil sang nicht mehr. Die Geister, sagte sie, hätten ihr nahes Unheil angekündigt.

»Laß uns im Winterlager bleiben«, sagte sie zu ihrem Mann. »Hier sind wir so glücklich. Ich fürchte, wie werden unseren kleinen Häuptling verlieren, wenn wir gehen. Laß uns bleiben, mein Gatte.«

»Das geht nicht, Frau. Der Stamm würde mich einen Feigling nennen und sagen, ich fürchte mich vor einer Begegnung mit Tirtla.«

»Es ist besser, Feigling genannt zu werden, als unseren kleinen Häuptling zu verlieren, mein Gatte. Jeder weiß doch, daß du nicht feige bist. Das Kind ist die Sonne, die unsere Tage hell macht. Ohne es werden sie für immer dunkel wie ein Grab sein.«

»Das ist wahr, Frau. Er ist jetzt schon so lange bei uns, unser kleiner Häuptling, daß das Leben ohne ihn öde wäre. Aber warum sollten wir ihn verlieren? Haben nicht die Geister gesagt, er werde ewig auf den Ebenen leben? Warum also hast du Angst um ihn, meine Geliebte?«

»Ich weiß es nicht. Gewiß, das haben die Geister gesagt, und dennoch sagen sie jetzt, wenn jeder Lufthauch mir ihre Stimmen bringt, daß uns Unglück bevorsteht.«

»Aber nicht für den kleinen Häuptling, Purlimil. Vielleicht für den Stamm, der uns beschützt hat. Wie könnten wir ihn im Stich lassen? Sei tapfer und komm mit mir, Mutter des kleinen Häuptlings, damit unser Sohn nicht voller Furcht an deiner Brust trinken muß.«

Also umarmte Purlimil ihr Kind und sprach nicht mehr über ihre Angst. Und als die Tage im neuen und alten Lager fröhlich verstrichen, war die Angst bald vergessen, und die Geister hörten auf zu warnen.

Eines Nachts, als der ganze Stamm ahnungslos schlief, schlichen sich die Feinde heran, die nur auf eine günstige Gelegenheit gewartet hatten, und umringten das Lager.

Vom schlauen Tirtla geführt, kamen sie immer näher. Tirtla war zu feige, um einen offenen Kampf zu wagen, darum stahl er sich wie ein Dingo nachts ins Lager und wollte alle erschlagen, die ihm Purlimil, seine Beute, entrissen hatten. Zusammen mit allen anderen – Männern, Frauen und Kindern – wollte er sie töten, alle wollte er seinem Haß opfern. Er hatte sich seinen Plan gut überlegt und gewartet, bis die Angst vor Vergeltung sich gelegt und die Wachsamkeit nachgelassen hatte.

Immer näher kamen sie, ohne Lärm zu machen. Der kleine Häuptling bewegte sich im Schlaf. Purlimil sang ihm leise das Lied der Geister, um ihn zu beruhigen. Sie erzählte ihm, daß er ewig auf den Ebenen leben und der Schönste und Herrlichste dort sein werde. Bald schlief er wieder sanft, und die Mutter schmiegte sich enger an ihren geliebten Wimbakabolo und fiel in Schlaf, ohne etwas von der Gefahr zu ahnen.

Ein Hund zu ihren Füßen knurrte, und Wimbakabolo bewegte sich. Wieder knurrte der Hund. Wimbakabolo erhob sich. Doch kaum war er aufgestanden, als Tirtla ihm einen tödlichen Hieb versetzte, und schon jagte der Feind ins Lager, überraschte die meisten Leute im Schlaf und tötete sie. Nur wenige hatten Zeit, nach den Waffen zu greifen, und sie versuchten vergeblich, sich zu verteidigen.

Tirtla, der das Lager von Purlimil seit Tagen kannte und dem ihr Mann zum Opfer gefallen war, durchbohrte nun mit einem triumphierenden Schrei den Körper des kleinen Häuptlings mit einem gezackten Speer.

Die Zunge Purlimils, der lieblichen Sängerin, klebte am Gaumen, als sie sah, daß ihr Mann tot neben ihr lag und der Feind ihr Kind erstochen hatte. Sie entriß Tirtla den Speer, drehte die Spitze um, die den Leib ihres Kindes durchbohrt hatte, und stieß sie sich ins Herz. So heftete sie den kleinen Häuptling an sich, und zusammen mit ihm fiel sie tot auf den Leib ihres Mannes, und das Lebensblut der drei vereinigte sich zu einem Bach.

So bekam Tirtla seine Rache, und er ließ niemanden am Leben, der die Flüchtlinge beschützt hatte. Er und sein Stamm überließen die Leichen den Falken und Krähen und gingen zurück nach Callawatta.

Im folgenden Jahr beschlossen sie, in den Jagdgründen ihrer toten Feinde zu jagen. Als sie dort waren, lagerten sie in einiger Entfernung vom Schlachtfeld, damit die Geister der Toten sie nicht belästigen konnten.

In der Nacht sahen sie seltsame Lichter, die sich an diesem Ort hin und her bewegten, und sie wußten, daß die Geister in der Tat dort waren.

Am nächsten Morgen gingen sie zum Baulka, um Wasser zu holen. Wie er in der Sonne funkelte! Aber wo war das Wasser? Sie blieben stehen und schauten. Vor ihnen lag kein Wasser. Sie gingen weiter und sahen, daß der große See sich in Salz verwandelt hatte. Da fürchtete sich der Stamm und kehrte zu seinen eigenen Jagdgründen zurück, denn kein Mensch möchte die Geister herausfordern. Tirtla sagte, er werde den anderen folgen, er wolle aber zuerst sehen, wo die Knochen seiner Feinde bleichen, das werde ihm Freude machen. Der Haß war immer noch stark in seinem Herzen, als er ging. Aber der Glanz des Salzes hatte wohl seine Augen geblendet, dachte er, denn er sah keine Knochen an dem Ort, wo seine Feinde gewesen waren, nur viele hellrote Blumen, die den gesamten Schauplatz des Massakers bedeckten. Solche Blumen hatte er nie zuvor gesehen.

Als er sie verdutzt betrachtete, fiel vom Himmel ein Speer

mit einem Widerhaken und hob ihn von den Füßen. Während er mitten in der Luft hing und niemanden sah, hörte er eine Stimme sagen: »Feiger Frauen- und Kindermörder, wie kannst du es wagen, deinen Fuß auf die Erde zu setzen, die das Blut geheiligt hat, das du vergossen hast, das Blut des kleinen Häuptlings, seiner Mutter und seines Vaters, das sich vermischte und, wie du siehst, Blüten hervorbrachte. Denn niemand kann Blut töten, weil es mehr als das Leben des Fleisches enthält. Ihr Blut soll ewig leben und die nackten Ebenen mit seiner blendenden Helligkeit verschönern. Die Salzseen sind die getrockneten Tränen der Geister, deren Lieder Purlimil so lieblich sang, die salzigen Tränen, die sie weinten, als du und deinesgleichen das Lebensblut ihres geliebten Stammes vergossen habt. Hier sollst du für immer sitzen, vor deinem Werk, dem Werk eines Feiglings.«

So sprach der Geist und bannte Tirtla an den Boden. Der Speer steckte immer noch in ihm.

Im Laufe der Zeitalter verwandelten Mann und Speer sich in Stein und wurden ein ewiges Denkmal der Macht des Geistes. Zu Füßen Tirtlas wuchs die schöne rote Blume, der Stolz der westlichen Ebenen, dort, wo die Salzseen sind. Wir nennen sie Wüstenprachtwicke, aber für die alten Stämme war sie die Blutblume.

Erläuterungen

Diese schöne, traurige Geschichte über Liebe und Rache gipfelt in der größten aller Tragödien in den Augen der Ureinwohner – der Tötung Unschuldiger, der Auslöschung eines ganzen Stammes und vor allem in einem barbarischen Kindermord. Wie können wir die Symbolik in diesen Greueltaten im Lichte der australiden Kosmologie deuten?

Die Traumzeit und die natürliche Welt sind zwei verschiedene Ebenen, in denen fundamentale Gesetze völlig verschiedene Wirkungen haben.[1] Auch in unserer Kosmologie werden die Kräfte, Energien und Größenordnungen in der intergalaktischen Welt der Sterne von anderen Gesetzen regiert als die Erde und ihre Umgebung. Die Gesetze der Ureinwohner berücksichtigen, daß die archetypische Welt die materielle Ebene nicht unmittelbar beeinflussen kann. Die Traumzeitschöpfung spiegelt sich im täglichen Leben der Australiden wider, und die Menschen verstehen, daß sie die strikten und extremen Aspekte dieser mythischen, uralten Denkmuster durch ihre Sitten und Gesetze verändern müssen, so daß sie sich harmonisch in die materielle und gesellschaftliche Wirklichkeit einfügen.

Auch diese Geschichte über den großen Kriegerhäuptling und seinen edlen Sohn Wimbakabolo ist ein Beispiel für die Auffassung, daß die Traumzeit anders ist als diese Welt, aber mit ihr zusammenhängt. Im Leben der Australiden gibt es allerdings keine Hierarchie der männlichen Macht, keine Oberhäupter, Häuptlinge, Führer oder Krieger. Kein einzelner Mann wird auf ein Podest gestellt, von dem aus er andere körperlich, moralisch oder spirituell regieren könnte. Jeder Mann ist ein selbstgenügsamer Jäger, der für das initiatorische Wachstum des Stammes verantwortlich und dem inneren Wissen um die Gesetze der Traumzeit verpflichtet ist. Im Leben der Ureinwohner kann der Verstoß gegen Traumzeitgesetze Feindseligkeit zwischen Stämmen hervorrufen; aber es kommt nicht vor, daß ein Stamm einen anderen angreift oder unterwirft. Nur in den Riten können Männer die Gewänder des mächtigen Kriegers anziehen und den Sieg und die Selbsterhöhung des Helden darstellen.

Ein weiterer Gegensatz zwischen dem Verhalten der Ahnen in der Traumzeit und den Australiden dieser Welt wird in der Ehe deutlich. In diesem Mythos hat Tirtla die absolute Gewalt über seine Frauen und seine ihm versprochene Braut Purlimil, ähnlich wie in der frühchristlichen Ehe und im islamischen Fundamentalismus von heute. Diese männliche Dominanz ist im traditionellen Leben der Ureinwohner nicht zu finden. Die Normen der verwandtschaftlichen Beziehungen erlauben es jungen Leuten durchzubrennen. In der materiellen Welt hätte Purlimil also durchaus das Recht, den Frauentöter Tirtla zu verlassen, auch wenn sie ihm versprochen wäre. In der Praxis kann jede Ehe aufgelöst werden, wenn die Partner unglücklich sind oder einer den anderen mißhandelt. Nicht so in der extremen, strikten Traumzeit.

In dieser uralten Geschichte erkennen wir sofort den Mythos vom heldenhaften Sohn, der den Ruhm des Vaters mehren will und nach Unsterblichkeit strebt, indem er die Mächte des Bösen (Tirtla) besiegt. Der griechische Mythos von Apollon, dem Sonnengott, und die christliche Anbetung Jesu, der den Fußtapfen seines Vatergottes folgt, sind zwei Versionen dieses Mythos vom Heldensohn; er ist die fundamentale Dynamik der patriarchalischen Gesellschaft, seitdem es sie gibt.

»Der Sonnengott stellt seine Macht über die Dunkelheit und die Sonne im Namen seines Gottes/Vaters ständig unter Beweis. Bewaffnet mit seinem Schild schreitet er voran und vollbringt die bedeutsame patriarchalische Tat, die ihn mit dem Schöpfer selbst gleichsetzt.«[2]

In unserer Gesellschaft, im Regierungssystem, in der Religion und im Heldensyndrom der populären Unterhaltung setzt dieser Mythos sich fort. Die Geschichte des heldenhaften jungen Mannes, der den Feind besiegt, stützt sich immer auf die Spaltung oder die Polarität zwischen dem Licht und den dunklen Kräften, dem Guten und dem Bösen, und meist wird das Dunkle dem Weiblichen zugeordnet. Wie Purlimil mußte das Weibliche sich im Laufe der Zeitalter dem lichtbringenden Männlichen unterordnen.

Wir sind im übrigen an ein Happy End gewöhnt. Der Held überwindet dank seiner Tugend und seines Verstandes die mysteriösen Kräfte der Dunkelheit und des Bösen und befriedigt dadurch unser Bedürfnis nach Sicherheit, Gerechtigkeit und Ordnung unter dem Schirm unserer väterlichen Familie, Regierung oder Kirche. Doch der australide Mythos von der Prachtwicke nimmt eine überraschende Wendung. Der Mut und die Tugend des Helden lösen eine Katastrophe aus. Da Wimbakabolo sein Vaterbild und seine heroische Ethik über die tiefen, intuitiven, von den Geistern stammenden Warnungen Purlimils stellt, ist er im Grunde schuld daran, daß seine Frau, sein Kind und der ihn schützende Stamm umgebracht werden.

In seinem Hochmut setzt Wimbakabolo sich über Purlimil hinweg und überzeugt sie davon, daß alles gutgehen wird, wenn sie seiner vernünftigen und mutigen Entscheidung folgt. Er bestreitet, daß Purlimil wirklich Verbindung mit der Geisterwelt hat. Das spiegelt sich im Sonnenmythos in der Überzeugung wider, daß »das Weibliche aus seiner eigenen Dunkelheit gerettet werden muß«. Mit seinem Verhalten leugnet Wimbakabolo zugleich seine eigene innere Weiblichkeit, und die Folgen sind katastrophal.

Wimbakabolos heldenhafter Hinweis auf die Macht seines Vaters, seine Kraft und seine Liebe zu Purlimil drücken die gleichen Wertvorstellungen aus, die das Sehvermögen der modernen Gesellschaft trüben. Beide sind anrührenden

Illusionen über das Selbstopfer verfallen. Ob die sogenannten entwickelten Nationen Menschen für das demokratische Ideal in den Krieg schicken oder ob die von machthungrigen Despoten beherrschten Länder es tun – die Folge ist immer schreckliche Zerstörung, und die Führer drängen den jungen Männern die Rolle des Helden und Retters auf.

Wenn wir die heutige Gesellschaft betrachten, der der Mythos vom Sohn-Helden endlose Kriege und gefährliche Situationen aufzwingt, müssen wir uns darüber wundern, daß eine einfache Traumzeitgeschichte, die vielleicht vor hunderttausend Jahren entstand, nicht nur dieses archetypische Verhaltensmuster vorwegnimmt, sondern auch die schrecklichen Folgen seiner exzessiven Anwendung voraussagt.

Die weibliche Intelligenz, die aus mysteriösen inneren Tiefen schöpft und sich den Geistbotschaften der Natur öffnet, wird von Purlimil anmutig verkörpert. Wie die Frauen unserer Gesellschaft wird Purlimils Intuition blockiert, nicht nur von den vorherrschenden männlichen Wertvorstellungen, sondern auch von der weiblichen Natur selbst. Hätte Purlimil ihrem intuitiven Kontakt mit den Geistern fest vertraut und ihren Mann mit Entschlossenheit davon überzeugt, daß Unheil drohte, wären der kleine Häuptling und ihr geliebter Stamm wohl nicht grausam abgeschlachtet worden. Durch die Bedeutung, welche die australide Kultur den Träumen und der übernatürlichen, spirituellen Welt beimißt, zeigt sie, daß sie den weiblichen, intuitiven Zugang zum Wissen schätzt und Entscheidungen billigt, die nicht auf dem äußeren, rationalen, männlichen Denken und seiner Moral gründen.

Jede Einzelheit in dieser Geschichte ist bedeutsam und

birgt eine Symbolik, die wir in den Mythen vieler Zeitalter und Kulturen finden. Sobald der kleine Häuptling vom gezackten Speer durchbohrt wird, klebt Purlimils Zunge am Gaumen. *Lingus,* das lateinische Wort für Sprache, ist vom Sanskritwort *lingam* (Phallus) abgeleitet, und es ist zudem die Wurzel von *logos* und *language.* Die Zunge (Phallus) zwischen den Lippen (Labien) symbolisiert den Koitus, und diese heilige Geste steht sowohl für den Geschlechtsakt wie auch für die Erzeugung der Sprache.[3] Purlimils schöne Sprache des Gesanges vereinigt die unsichtbare spirituelle Welt mit der sichtbaren materiellen Welt. Ihre Zunge, die vor Entsetzen über den Tod ihres Mannes und ihres Sohnes gelähmt ist, symbolisiert ihr Lied, das zu sich selbst zurückkehrt.

Purlimil entwindet Tirtla den Speer mit ihrem Kind an einem Ende und stößt ihn sich ins Herz. Die Symbolik dieser Tat finden wir auch in anderen Kulturen. In Ägypten galt das Herz beispielsweise als »die Quelle alles Lebens und Denkens«, und es wurde besonders sorgfältig mumifiziert. Die ägyptische Vorstellung von der Frau, die ihr Kind »unter dem Herzen« trägt, entspringt dem Glauben, daß das Menstruationsblut aus dem materiellen Herzen stammt und daher die Quelle des kindlichen Lebens ist.[4] Außerdem glaubten die Ägypter, Seele und Intelligenz bezögen ihre Energie aus dem Herzen, weil dieses die Lebensessenz – das Blut – in verschiedene Richtungen pumpt. Wenn das Blut aus dem emotionalen Zentrum, dem Herzen, fließt und sich mit dem Intellekt vereinigt, entsteht Intuition.[5] Dieses Mosaik aus den Symbolen des Blutes, des Herzens und der Intelligenz wird heraufbeschworen, wenn Purlimil die Mitte ihrer Intuition durchbohrt, die ihr Gatte verleugnet hat.

In der Traumzeit waren die Merkmale und Eigenschaften

der Ahnen extrem, ausgeprägt und absolut – im Gegensatz zur materiellen Welt, die ein Gemisch aus diesen Archetypen, Ur-Eigenschaften und Verhaltensmustern ist. Purlimils Tapferkeit, Kraft und Selbstbeherrschung symbolisieren die weibliche Kraft am Ende eines Zyklus. Indem sie den Speer tief in sich hineinstößt, zieht sie die extremen archetypischen Eigenschaften ihrer Liebsten und ihres Feindes in sich hinein: die reine Unschuld des kleinen Häuptlings, den totalen Mut und die Eitelkeit Wimbakabolos und das absolute Böse Tirtlas. Auf diese Weise vereinigt und harmonisiert sie diese Traumzeitkräfte, um sich auf eine neue Schöpfung vorzubereiten. Das tragisch vergossene Blut wird in eine Blume mit hellroten Blüten verwandelt – beide sind historisch und mythologisch ein Symbol des Todes und der Wiedergeburt. Das schläfrig machende Opium aus dem roten Mohn symbolisiert zum Beispiel den Tod, während seine seidige Blüte nach dem Volksglauben dem Blut getöteter Krieger und Götter entspringt und als Symbol benutzt wird, das an die Gefallenen der Schlacht in Flandern im ersten Weltkrieg erinnern soll.[6] In dieser australischen Geschichte ist die rote Prachtwicke eine Anspielung auf den Tod oder die Vollendung der Traumzeit, den Beginn einer neuen Welt.

Die Salzseen in diesem Mythos erweitern und bekräftigen das Thema der Wiedergeburt. Es ist seit Tausenden von Jahren bekannt, daß Salz lebendes Gewebe konserviert; darum wurden die ägyptischen Mumien in eine Salzlösung getaucht, die man »Geburtswasser« nannte. Salzwasser wurde als Ersatz für das regenerierende Blut der Mutter akzeptiert; es kommt aus dem Schoß des Meeres und schmeckt nach Blut. Die abergläubische Furcht vor dem Verschütten von Salz hing unmittelbar mit dem Gedanken an geflossenes Blut zusammen.[7] Darum wurde das Salz zum symbolischen Instrument der universellen Verwandtschaft, weil wir alle durch das Opfern des mütterlichen Blutes oder des Menstruationsblutes verwandt sind.

Das uralte Abbild der Pelikanmutter, die ihre Brust durchbohrt, um mit den Blutstropfen ihre neugeborenen Küken zu füttern, wurde vom Christentum übernommen und durch das blutende, sich selbst opfernde Herz Christi ersetzt.[8] Der Satz »Denn niemand kann Blut töten, weil es mehr als das Leben des Fleisches enthält« in diesem australiden Mythos steht am Beginn der langen, mysteriösen Geschichte der Symbole für jene verborgene spirituelle Energie, die mit Blut und Blutopfer zu tun hat. Für die australide Wirklichkeit gilt: »Auf der materiellen Ebene vermittelt das Blut zwischen der Traumzeit und der wahrnehmbaren Welt. So wie der Körper die nährende Energie des Blutes ›trinkt‹, um sich selbst zu erhalten, ›trinkt‹ auch das Blut subtile Energie aus der Geistwelt, um die nährende Kommunikation zwischen beiden Ebenen aufrechtzuerhalten.«[9]

Woher der Frost kommt

Die Meamei – die Plejaden – lebten einst auf dieser Erde. Sie waren sieben Schwestern von großer Schönheit. Ihr langes Haar fiel bis zur Hüfte, und an ihrem Körper funkelten Eiszapfen. Ihre Eltern lebten auf einem fernen Berg zwischen den Felsen. Sie blieben immer dort und gingen niemals spazieren wie ihre Töchter. Wenn die Schwestern auf die Jagd gingen, schlossen sie sich nie anderen Stämmen an, obgleich viele versuchten, sich mit ihnen anzufreunden. Vor allem den jungen Männern einer großen Familie gefielen die schönen Mädchen so sehr, daß sie um ihre Hand anhielten und sie für immer bei sich behalten wollten. Diese Jungen, die Berai-Berai, folgten den Meamei überallhin, beobachteten, wo sie lagerten, und ließen Geschenke für sie zurück.

Die Berai-Berai waren sehr geschickt darin, Bienennester zu finden. Zuerst fingen sie eine Biene und klebten ihr eine weiße Daune oder Feder auf den Rücken zwischen die Hinterbeine. Dann ließen sie das Tier frei und folgten ihm zu seinem Nest. Den Honig leerten sie in Wirris (Behälter aus Häuten) und stellten sie ins Lager der Meamei, die den Honig aßen, aber nicht auf das Flehen der Jungen eingingen.

Doch eines Tages überlistete der alte Warranna (ein grimmiger Ahne) zwei der Mädchen und fing sie. Er versuchte, die Eiszapfen zu wärmen, aber es gelang ihm nur, sein Feuer zu löschen.

Nach einiger Zeit der Gefangenschaft wurden die beiden entführten Mädchen an den Himmel versetzt. Dort fanden sie ihre fünf Schwestern vor, und seitdem sind sie bei ihnen geblieben. Allerdings scheinen sie nicht ganz so hell, weil Warrannas Feuer ihren Glanz getrübt hat. Als die Berai-Berai erfuhren, daß die Meamei diese Erde für immer verlassen hatten, waren sie untröstlich. Man bot ihnen Jungfrauen aus ihrem eigenen Stamm an, aber sie wollten niemanden haben, wenn sie nicht die Meamei haben konnten. Sie ließen sich nicht beruhigen und wollten nichts mehr essen. So siechten sie dahin und starben. Die Geister hatten Mitleid mit ihnen und freuten sich über ihre Treue, und darum gaben sie auch ihnen einen Platz am Himmel, und dort sind sie heute noch. Wir nennen sie Orions Schwert und Gürtel, doch für die Daens (die Ureinwohner) sind sie immer noch die Berai-Berai, die Jungen.

Die Daens sagen, daß die Berai-Berai noch immer jeden Tag Bienen jagen und nachts Corroborries tanzen, welche die Meamei für sie singen. Denn die Meamei befinden sich zwar in ihrem eigenen Lager in einiger Entfernung von den Berai-Berai, aber diese können ihre Lieder hören. Die Daens versichern auch, daß die Meamei ewig leuchten werden, als Beispiel für alle Frauen der Erde.

Zu einer bestimmten Zeit im Jahr brechen die Meamei ein wenig Eis von sich ab und werfen es auf die Erde, um daran zu erinnern, daß sie einst dort lebten. Und wenn die Daens morgens aufwachen und überall Rauhreif sehen, sagen sie: »Die Meamei haben uns nicht vergessen. Sie haben etwas von ihrem Eis herabgeworfen. Wir wollen ihnen zeigen, daß wir uns ebenfalls an sie erinnern.«

Dann nehmen sie ein Stück Eis und halten es Kindern an die noch nicht durchbohrte Nase. Wenn die Scheidewand taub vor Kälte ist, wird sie durchbohrt, und man steckt einen Strohhalm oder Knochen hindurch. »Jetzt«, sagen die Daens, »können diese Kinder singen wie die Meamei.«

Ein Verwandter der Meamei schaute hinab zur Erde, als die beiden Schwestern an den Himmel versetzt wurden. Als er sah, wie der alte Mann, dem sie entkommen waren, wütend herumlief und ihnen befahl herabzukommen, freute er sich über die Flucht der beiden und amüsierte sich so sehr über den zornigen Warranna, daß er in lautes Gelächter ausbrach. Seitdem lacht er unaufhörlich, und darum nennen die Daens ihn Daendi Gindamajlanna, den lachenden Stern (die Venus).

Wenn die Daens Donner im Winter hören, sagen sie: »Jetzt baden die Meamei wieder. Das sind die Geräusche, die sie machen, wenn sie zu zweit ins Wasser springen und Bubalarmai spielen. Denn wer am lautesten ist, gewinnt das Spiel, das die Irdischen ebenfalls lieben.« Wenn sie den Lärm des Bubalarmai der Meamei hören, sagen die Daens auch: »Bald wird es regnen, denn die Meamei verspritzen Wasser. Es wird in drei Tagen hier sein.

Erläuterungen

Giorgio de Santillana und Hertha von Dechend weisen in ihrem bahnbrechenden Buch *Hamlet's Mill* auf überzeugende Weise nach, daß die Bewegungen der Himmelskörper bei allen Völkern und in allen Epochen von grundlegender Bedeutung für die Entstehung der Mythologie und der Kultur waren.[1] Die Tiefe des himmlischen Ozeans symbolisierte den unbegreiflichen Aspekt des Universums. Vielleicht wollten die alten Kulturen die nicht faßbaren Dimensionen der Existenz spirituell erträglich machen, indem sie die Fäden ihrer vertrauten inneren und äußeren

Erfahrungen durch den unendlichen Raum des Himmels webten. Mit diesem Mythos von den Plejaden folgen die Australiden dieser weltweiten Tradition. Allerdings reicht die Überlieferung der australischen Ureinwohner viel weiter zurück als die der anderen Kulturen, deren Sternmythen vor 2000 bis 8000 Jahren aufgezeichnet wurden. Zu diesen Kulturen gehören Babylon, Syrien, China, Polynesien, das neolithische Europa, Indien, Ägypten und Griechenland.

Noch überraschender ist der Umstand, daß einige Aspekte dieser Geschichte große Ähnlichkeit mit Sternmythen anderer Kulturen haben. Wie können wir die mythologischen Gemeinsamkeiten zwischen der australiden Überlieferung und dem Erbe anderer, ferner Kulturen erklären? Eine Möglichkeit wäre C. G. Jungs Theorie von einem Reservoir widerhallender Gedankenformen, das durch die Generationen weitergereicht wird – das »kollektive Unbewußte«, wie er es nannte. Die australide Kultur erklärt solche Entsprechungen mit Hilfe von »Liedlinien«, magnetischen und vitalen Kraftlinien, die von der Erde ausgehen und kreuz und quer durch den Kontinent verlaufen. Die Ureinwohner glauben, daß sie ihre Psyche, also ihr inneres Bewußtsein, entlang diesen Liedlinien projizieren und auf diese Weise Lieder, Geschichten und Wissen über große Entfernungen hinweg austauschen können. Man sagt, Liedlinien seien einst eine heilige Tradition gewesen, die sich über die ganze Erde erstreckt und so die Kultur verbreitet habe.

Ein Beispiel für interkulturelle Symbolik finden wir im vorvedischen Indien. Dort waren die Plejaden die »sieben Mütter der Welt«. Sie galten als Priesterinnen, die über Männer Gericht saßen und sie manchmal mit ihren scharfen Strahlen, den »kastrierenden Mondsicheln« schwer verwundeten.[2] Diese Vorstellung ähnelt sehr der Geschichte von den eisbedeckten Plejaden im australiden Mythos. In ihrer kalten Unnahbarkeit kastrierten die Meamei die Berai-Berai psychologisch, und die Folge war, daß die jungen Männer andere Frauen ablehnten und vor Sehnsucht nach den sieben Schwestern starben. In der indischen Mythologie versucht der Feuergott Agni, die sieben Mütter zu wärmen, indem er mit ihnen kopuliert.[3] Darin gleicht er dem grimmigen australiden Ahnen Warranna, der das Eis der Plejaden mit Feuer zum Schmelzen bringen will. Auch in alten ägyptischen Texten gibt es Hinweise auf die uralte Rolle der Plejaden als »Richterinnen, die in Gestalt der sieben Hathors den Männern die sieben planetaren Sphären zuweisen«. Nach dem Tod mußten jene, die in den Paradiesgarten gelangen wollten, die sieben Schwestern beim Namen nennen, bevor ihnen der Eintritt gewährt wurde. In Borneo wurden die sieben Schwestern ebenfalls mit der Wohnung der Toten in Verbindung gebracht.[4]

In der griechischen Mythologie versetzte Zeus die Plejaden an den Himmel, weil der Jäger Orion sich in sie verliebt hatte und sie verfolgte – so wie die Berai-Berai, die ebenfalls Jäger waren, die Meamei verfolgten.[5] Auch die Berai-Berai wurden »als Orions Gürtel und Schwert an den Himmel versetzt«. Die Griechen nannten eine der Schwestern Merope, »Bienenesserin«. Honig, den die Berai-Berai in unserer Geschichte sammeln und den Plejaden schenken, ist in vielen Kulturen ein Symbol der spirituellen oder himmlischen Nahrung, und Bienen galten als Symbol der Reinheit und Boten der Götter.[6]

Noch ein wichtiger griechischer Mythos, er handelt von der jungfräulichen Göttin Artemis, erinnert uns an die Plejaden der australischen Ureinwohner. Artemis war die Beschützerin der machtlosen oder schwangeren Frauen, der

Jugendlichen – vor allem der jungen Mädchen – und der gesamten Natur. Man nannte sie die »Jägerin der sieben Sterne« und personifizierte in ihr den unabhängigen weiblichen Geist, der frei ist von Männern und der männlichen Vorherrschaft. Die australiden Meamei waren ebenfalls abweisend und kalt; sie verschmähten Liebhaber und hielten als Schwestern immer fest zusammen. In der griechischen Mythologie wurde Orion, der die Plejaden und Artemis liebte, zufällig von einem Pfeil der Artemis getroffen, so wie die Meamei unwillentlich für den Tod der verliebten jungen Männer verantwortlich waren.[7] Die australide Kultur spiegelt viele Attribute der Artemis wider. Zum Beispiel verbrachten Frauen manchmal einige Zeit allein, vor allem während der Menstruation, und sie waren auch oft mit anderen Frauen zusammen. Außerdem schlichteten Frauen die Streitigkeiten der Stämme und sorgten für Gerechtigkeit. So wie Artemis bestimmte Eigenschaften der weiblichen Psyche verkörperte, waren die Meamei allen Frauen ein Beispiel.

Ein wichtiger Aspekt dieser Geschichte ist das Durchbohren der Nase mit den Eiszapfen der Meamei. Dieser bedeutsame Initiationsprozeß sollte die Resonanz beim Singen verbessern – die Initianden sollten »so schön wie die Meamei singen«. In Mesopotamien wurden die Plejaden ebenfalls mit der Resonanz assoziiert. Man stellte die heiligsten Trommeln aus der Haut eines schwarzen Stieres her und zeichnete sieben Kreise auf das Trommelfell. Die Stierhaut symbolisierte das Tierkreiszeichen des Stieres, dessen Mitte die Plejaden bilden. Man glaubte, das Schlagen der Trommeln stelle mittels der Schwingungen eine Verbindung zu den Plejaden her, dem »wichtigsten Teil des Himmels«.[8] Die Entsprechungen setzen sich fort bis zur indischen Mythologie, ins alte Ägypten und in die Kosmologie der afrikanischen Dogons. Die Australiden waren der Meinung, die Geister der Toten wanderten auf geraden Energielinien durch die Plejaden zu den Sternbildern des großen und des kleinen Hundes. Der größte Stern in diesen Konstellationen ist der Sirius, der in all diesen Kulturen als »Tor« zum Reich der Toten gilt.[9]

K. Langloh Parker wies darauf hin, daß der Knochen in der Nasenscheidewand nicht nur die Resonanz beeinflußt, sondern auch den Geruchssinn. Dieser ist der genauste und leistungsfähigste aller menschlichen Sinne und im Grunde eine Reaktion auf die schwingenden Moleküle einer Substanz. Der Geruchssinn ist so subtil, daß die Australiden ihn mit der spirituellen Energie in Verbindung bringen. Wenn die Ureinwohner ein fremdes Lager besuchen, stecken sie sich Knochen durch die Nase, damit sie die Fremden nicht riechen und dadurch unbewußt spirituelle Energie austauschen. Es ist interessant, daß »der Geruch der Weißen die Australiden krank macht«, wie Katie Parker schreibt. Sie fügt hinzu: »Und wir waren so anmaßend zu glauben, es sei umgekehrt.«[10]

Die Sitte des Knochentragens war den Australidinnen so wichtig, daß sie sie noch lange nach dem Kontakt mit Europäern verteidigten. Katie Parker berichtete von einer alten Australidin, die eine durchbohrte Nase hatte. Eine weiße Wäscherin fragte sie schroff, warum sie einen Knochen trage und nicht Ohrringe wie weiße Leute.

»Die schwarze Frau musterte die Wäscherin von oben bis unten und heftete ihren Blick schließlich auf die Ohrringe. ›Warum machst du Loch in Ohren? Nix gut. Schwarze das nicht tun, wollen keine Ohren wie Hundeohren. Mit gutem Knochen in Nase du kannst gut singen. Und wenn jemand schlecht riecht, steckst du Knochen in Nase, dann du riechst nix. Nase länger machen sehr gut. Loch in Ohren nix gut. Macht sie lang wie Hundeohren.‹ Sie drehte sich um und ging, an ihren Ohrläppchen ziehend und bellend wie ein Hund.«[11]

Die Menschen vieler Kulturen beobachten staunend die Bewegungen der Himmelskörper. In anderen Mythen werden wir nicht nur Ähnlichkeiten zwischen den Australiden und anderen Völkern entdecken, sondern auch Unterschiede, die auf das unglaubliche Alter der Traumzeitgeschichten zurückzuführen sind. Nur in Australien gibt es eine präneolithische Kultur, die noch vor zweihundert Jahren lebendig, unversehrt und von Weißen unberührt war. Für sie ist die ganze Welt lebendig, und diese Einstellung spiegelt sich in ihrer Sprache und Kultur wider. Wir als Gesellschaft haben diese Art der Wahrnehmung aus unserem Bewußtsein verbannt, und die Folge ist eine Welt, die unter lebensbedrohenden Problemen wie Umweltverschmutzung, Entweihung und Überbevölkerung stöhnt. Wenn wir aber hinauf zum Nachthimmel blicken, an dem die Sterne funkeln, können wir die Zeitlosigkeit spüren, in der die großen Träume der Menschheit sich entfaltet haben und auch in Zukunft entfalten werden. Diese Vision erfüllt unsere furchtsame und hungrige Phantasie mit einer mythischen Dimension, und die Samen des Wandels werden von neuem geboren.

Geschichten
von den Kräften
der Tiere

Die Australiden gaben die Geschichten über die Abstammung des Menschen von bestimmten Totemtieren mündlich von einer Generation zur anderen weiter. Diese Traumzeitmythen sind ein kollektives Gedächtnis, das Menschen und Tieren einen gemeinsamen Ursprung zuweist – die metaphysischen Ahnen der Traumzeit. Heute reduzieren wir unsere Gemeinsamkeit mit den Tieren auf die Theorie von unserer Überlegenheit dank der Evolution. Die Verbindung der Ureinwohner mit den Tieren und der Natur beruht dagegen auf Verwandtschaft, auf dem Gefühl zusammenzugehören. Zwar hat unsere Gesellschaft diese Erinnerung verloren; doch die Tiere erinnern sich selbst heute noch, und sie warten geduldig darauf, daß die Schatten der Rationalität und Grausamkeit auf unserem Geist sich auflösen.

Murga Muggui,
die Spinne

Murga Muggui war eine Bunna (Kannibalin) und lebte allein in einem Kieferngestrüpp. Sie war eine große Wirrinun (Hexe), und durch Hexenkunst fing sie die Opfer, die sie verspeisen wollte.

Wenn sie einen jungen Mann im Busch jagen sah, verwandelte die alte, häßliche Hexe sich in eine schöne junge Frau. Dann ging sie auf den jungen Mann zu und fragte ihn, wohin er gehe.

»Auf die Jagd«, pflegte er zu sagen, und wenn sie das hörte, schlug sie ihm vor, ihn zu begleiten, und dann gingen sie zusammen weiter. Später sagte sie zu ihm: »Es ist spät. Am besten verbringst du die Nacht in meinem Lager.«

»Nein«, sagte er. »Ich habe eine Frau. Ich muß zurückgehen und ihr Essen bringen.«

»Nun, dann warte eine Weile, damit ich etwas für dich kochen kann, bevor du gehst.«

Der Mann willigte ein, weil er hungrig war. Nach dem Essen hatte er keine Lust mehr zu gehen, zumal die schöne junge Frau ihn bat zu bleiben. Sie riet ihm, seiner Frau zu sagen, er habe im Busch geschlafen – sie werde nie erfahren, daß er nicht allein gewesen sei. Wenn seine Frau sich einsam fühle, könne er ja eine Nacht mit ihr verbringen, meinte die Bunna. Sie setzte ihren Willen durch – er blieb. Wenn er fest schlief, stahl Murga Muggui sich vom Feuer weg, packte ihren Gunnai (einen Yamsstock), der an einem

76

Ende sehr spitz war, und schlich sich zurück zu dem Schlafenden.

Er öffnete die Augen und erblickte eine alte Frau mit einem Gunnai, bereit, ihn zu schlagen.

Er war so überrascht, eine scheußliche alte Hexe zu sehen, daß er wie gelähmt liegenblieb, wenn der Gunnai fiel und ihn aufspießte.

So fielen Murga Muggui viele Männer zum Opfer, und sie tat sich an ihren Leibern gütlich.

Eines Tages begegnete ihr Mulljan, der starke und schlaue Mann des Stammes. Er sah eine schöne junge Frau, die auf ihn zukam. Sie fragte ihn, was sie die anderen gefragt hatte, ging mit ihm auf die Jagd und überredete ihn, die Nacht über bei ihr zu bleiben.

Doch Mulljan mißtraute ihr und stellte sich nur schlafend.

Er beobachtete, wie die schöne junge Frau fortschlich, ihren Gunnai aufhob und sich in eine abscheuliche alte Hexe verwandelte, die mit triumphierendem Grinsen verstohlen auf ihn zukam.

Der Gunnai sauste hinab, doch bevor er Mulljans Körper traf, hatte er ihn schon gepackt. Er sprang auf, entriß der alten Hexe den Gunnai, drehte ihn um und stieß ihn ihr ins Herz. So starb sie an der Stelle, wo so viele ihr zum Opfer gefallen waren.

Ihr Geist wurde in Murga Muggui, die Spinne, verwandelt, die in Kiefernwäldern lebt und dort ihre feinen Fallen von Baum zu Baum webt. Wie früher verschlingt sie die Opfer, die sie in den goldenen und silbernen Maschen fängt, die sie so heimtückisch spinnt.

Die Erforschung der australiden Kultur gleicht dem Eintreten in einen Kristallkäfig. Jede Einzelheit des Lebens – alle Geschöpfe, Pflanzen und Orte – wird durch ihre mythische Verbundenheit und ihre vielen Dimensionen ausgeschmückt. So wie die Spinne verschiedene silberne Fäden herstellt, von denen jeder eine bestimmte Aufgabe erfüllt, enthalten auch die australiden Traumzeitgeschichten zahlreiche Einsichten und Arten des Wissens, und ihre Aufgabe ist es, ein bewußtes Leben zu ermöglichen. Anhand dieser Geschichte von Murga Muggui untersuchen wir wichtige Merkmale unserer vier Ebenen des Verständnisses: der biologischen, gesellschaftlichen, psychologischen und spirituellen Ebene.

Die meisten Spinnenarten fangen und verzehren ihre Beute in drei Phasen. Daß die Ureinwohner darüber informiert sind, verdeutlicht die Tatsache, daß zwischen den Gewohnheiten der Spinne und der Art und Weise, wie die Ahnin Murga Muggui ihre Opfer anlockt, fängt und tötet, Ähnlichkeiten bestehen. Zuerst webt die Spinne ihr schönes, anmutiges Netz, überzieht einige Fäden mit einer klebrigen Substanz und wartet, »horcht« auf ihre sich nähernde Beute. Die Spinne versteckt sich an einem günstigen Platz und fühlt mit den Beinen jede Schwingung an irgendeiner Stelle des Netzes. So erfährt sie, daß sie ein Opfer umgarnt hat. In unserem Mythos webt Murga Muggui mit Hilfe ihrer weiblichen Verführungskünste ein Phantasiegebilde, das sie in eine Aura der Schönheit und Anmut hüllt. Ihr Netz gaukelt dem potentiellen Opfer angenehme Gesellschaft auf seiner einsamen Jagd vor und verspricht ihm ein bequemes Lager.

In der Natur besteht der zweite Schritt der Spinne darin,

sich auf ihre Beute zu stürzen und sie fest in feine Seiden-
fäden einzuwickeln, so daß sie hilflos gefangen ist. Murga
Muggui zieht ihr Lügengewebe ebenfalls enger um ihr
Opfer zusammen, indem sie seinen Appetit stillt und es
schläfrig macht. Danach beißt die Spinne den Gefangenen
mit ihren scharfen Kiefern, so wie Murga Muggui ihr Opfer mit ihrem scharfen Gunnai aufspießt.

Spinnen sind Kannibalen, die Verdauungssäfte in andere
Insekten spritzen und sie später mit allen Nährstoffen der
Beute aussaugen. Das unverdauliche äußere Skelett werfen
sie weg.[1] Darum muß die Spinne ihr Netz häufig instand
setzen und erneuern und dann auf ihr nächstes Opfer warten. Wie eine Spinne wendet Murga Muggui immer wieder
die gleiche Taktik an, um ihr tödliches Gespinst aus weiblichen Illusionen auszulegen. Diese Beispiele zeigen, daß
die Struktur und die Einzelheiten unserer Geschichte das
Verhalten vieler Spinnenarten widerspiegeln.

Auf der gesellschaftlichen Ebene sind die Verhaltensnormen der Australiden eine Reaktion auf die dramatischen
und lehrreichen Ereignisse der Traumzeit. In der traditionellen australiden Gesellschaft dürfen Männer mehrere
Frauen gleichzeitig haben; aber wenn sie einmal verheira-
tet sind, müssen sie auf Seitensprünge verzichten. In diesem Mythos kann Murga Muggui ihr ahnungsloses Opfer
dazu verleiten, seine Verantwortung als Ehemann zu vergessen und dadurch sein unglückliches Ende herbeizuführen. Der spitze Gunnai, mit dem Murga Muggui ihre Opfer
aufspießt, spielt auf eine andere gesellschaftliche Norm an.
Während es Männern nur mit Einschränkungen erlaubt ist,
aggressiv zu sein, dürfen die Frauen der Ureinwohner starke Gefühle frei ausdrücken; aber es ist ihnen streng verboten, Speere, Äxte, Messer aus Feuerstein oder Kampfwaf-

fen zu benutzen oder zu tragen. Die wichtigsten Werkzeuge der Frauen sind Dilibeutel, hölzerne Schalen und Grabstöcke. Den Grabstock können sie, wenn es notwendig ist, gegen eine andere Frau erheben; doch er gilt hauptsächlich als Haushaltsgerät und ist ein Indiz dafür, daß es ein rituelles Vorrecht der Frauen ist, Nahrung zu sammeln. Diese Geschichte untersucht also Verhaltensnormen, die von den Ahnen aufgestellt und weitergegeben wurden, und sie zeigt, welche schlimmen Folgen ein Verstoß gegen gesellschaftliche Verbote hat.

Das instinktgesteuerte Paarungsverhalten ist für die männliche Spinne oft tödlich; denn die weiblichen Spinnen stehen im Ruf, das Männchen während der Begattung zu verspeisen.[2] Dieses Verhalten hat einige interessante Bezüge zur menschlichen Psychologie. Zu allen Zeiten hat die Vagina dentata (die »gezähnte Vagina«) in vielen Kulturen die archetypische, oft unbewußte Angst des Mannes symbolisiert, daß die Frau ihn während des Geschlechtsaktes verschlingen oder kastrieren könnte.[3] Bei den Australiden drückt die Vagina inferno dasselbe aus, und der Historiker H. R. Hays zitiert einen Ureinwohner mit den Worten: »Die Vagina ist sehr heiß, sie ist Feuer, und jedesmal, wenn der Penis in sie eindringt, stirbt er.«[4] Diese Symbole gehen auf den Zusammenhang zwischen dem Tod und dem Weiblichen zurück, der in vielen Kulturen eine wichtige Rolle spielt. Die dunkle Höhle der Vagina führt in das rätselhafte Zentrum der Frau, das einen Samen in ein lebendes Wesen verwandeln kann. Doch die lebensspendende Kraft, die im Inneren der Frau verborgen ist, ist auch der Ursprung des Todes; denn alles, was vom Weibe geboren ist, muß sterben. Die Angst der Männer vor den weiblichen Genitalien ist also die Angst vor dem Tod, und Mythen, die Spinnen mit dem verschlingenden Weiblichen in Verbindung bringen, gibt es in allen Kulturen, in denen die Assoziation zwischen dem Tod und dem Weiblichen bewußt oder unbewußt aktiv ist.

In der australiden Spiritualität verlangt jede Phase oder jeder Zyklus der Initiation von einem Mann, sich mit den vier primären Aspekten des universellen Weiblichen auseinanderzusetzen – Jungfrau/Hure, Ehefrau, Mutter und alte Frau. Die achtbeinige Spinne symbolisiert die unbegrenzte Wandlungsfähigkeit der weiblichen oder irdischen Kräfte: die vier Himmelsrichtungen und die vier Jahreszeiten. Die vier Aspekte des Weiblichen symbolisieren ebenfalls den Lebensweg von der Geburt bis zum Tod: Kindheit, Jugend, Reife und Alter. Murga Muggui schlüpft in alle vier weiblichen Rollen. Wenn sie ihr Opfer im Busch erspäht hat, erscheint sie als ewig junge, schöne Jungfrau oder heilige Prostituierte, die auch ein Symbol der Wildnis ist, in der beide jagen. Dann weist sie darauf hin, daß es spät ist und daß der Mann die Nacht bei ihr verbringen solle. Ebenso würde eine pflichtbewußte, fürsorgliche Gattin handeln. Wenn der Mann sich weigert, gibt sie ihm Essen und Bequemlichkeit wie eine Mutter. Und als alte Hexe ist sie schließlich das Symbol des Verfalls und des unvermeidlichen Todes, dem alles Leben ausgeliefert ist.

Auf der spirituellen Ebene spielt Murga Muggui die Rolle einer Initiatorin. Sie zeigt dem Mann die Unvermeidlichkeit des Todes (die alte Frau), der in allem lauert, was verführerisch, bezaubernd, irdisch und schön ist. In der alten indischen Überlieferung »ist die blutige Todesgöttin mit dem Giftzahn zugleich die schöne Mutter und Geliebte«.[5] Wer imstande ist, beide Aspekte zu vereinigen und zu bewundern, hat die Reise zur spirituellen Erleuchtung begonnen. Murga Muggui spinnt das Schicksal (lateinisch *destino*, »das Gewobene«) jener Männer, die in die Geheimnisse des dunklen Weiblichen eingeweiht werden möchten. Im alten Märchen von der Spinne und der Fliege ist die Fliege das Symbol der Seele, »die nach einem weiblichen Wesen suchte, um es zu verzehren und ihm eine Wiedergeburt zu ermöglichen«.[6]

Mulljan, der starke und schlaue Mann in der australiden Geschichte, bleibt wach und bewußt, seine Sinne sind scharf. Er ist das Symbol des Männlichen, das durch Initiation auf den Tod vorbereitet und dadurch wiedergeboren wird und ein neues Bewußtsein erlangt. Anders als seine Vorgänger schläft Mulljan nicht ein – er will nicht seine Erkenntnis trüben, daß die schöne Jungfrau und die alte Hexe ein und diesselbe sind. Statt dessen akzeptiert er die Gegenwart der Hexe und stellt sich ihr, ihrer Macht und ihrer Unvermeidlichkeit. Symbolisch gesehen überwindet Mulljan, der die Hexe tötet, seine Angst vor dem dunklen Weiblichen, das allen Wesen und Dingen Leben gibt und dieses Leben immer zurückfordert.

Auch in dieser einfachen Traumzeitgeschichte finden wir die tiefgründige Idee vom Tod und von der Wiedergeburt durch Initiation. In allen Religionen und zu allen Zeiten galten diese Riten als notwendig, um eine bedeutsame transformatorische Dimension der menschlichen Psyche zu öffnen. Das Christentum hat diese Vorstellung mit dem Tod und der Auferstehung Christi übernommen, entweder als historisches Ereignis für das einfache Volk oder als universelles Symbol für die Gebildeten. Dagegen wurden in der vorchristlichen, archaischen Welt, deren ältester Teil die australide Kultur ist, Nahtoderlebnisse oder tiefe halluzinatorische Trancezustände herbeigeführt, um dem Initianden eine echte, persönliche Begegnung mit dem Tod zu ermöglichen. In der initiatorischen Kultur war die Einsicht in die Allgegenwart des Todes das Element, das ein volles, intensives Leben möglich machte. Im alten Rom, im taoistischen China und in anderen Kulturen wurden Männer aufgefordert, sich immer wieder zu sagen: »Denke daran, Mensch, daß du sterben mußt.«

Die Rolle der Frauen oder des universellen Weiblichen bei der Einweihung der Männer in die tiefen Mysterien des Todes wird oft ignoriert. Im heutigen Sprachgebrauch ist eine Hexe eine alte, garstige Frau. In alten Kulturen, zum Beispiel in der ägyptischen, waren Hexen jedoch »heilige Frauen«, Mütter der Weisheit, des Gesetzes und der mächtigen Worte. Die griechische Göttin Hekate war die Königin der Toten und in ihrer menschlichen Verkörperung die weise Frau oder Hohepriesterin. »Die große Göttin war an jeder Manifestation des Todes und des Lebens unmittelbar beteiligt ... Frauen pflegen das kleine Kind und den Leichnam und verhelfen beiden zu neuem Leben.«[7] In Nordeuropa galten Hexen als Opferpriesterinnen, und das Gesicht der Todesgöttin Hag wurde verhüllt, »um auszudrücken, daß kein Mann weiß, wie er sterben wird«.[8] Murga Muggui webt ebenfalls ihr Netz der Täuschung; sie verkleidet sich als schöne junge Frau, und ihr Gefangener kennt ihre wahre Gestalt nicht.

In vielen Mythologien sind drei webende Göttinnen das Symbol des Schicksals. In archaischen Zeiten wurde Aphrodite mit den drei Moiren oder Schicksalsgöttinnen – der Weberin, der Maßnehmenden und der Durchtrennerin des Lebensfadens – identifiziert. In den Mythen der Hindus war Maya das Symbol der Spinne. Sie webte Magie, Schicksal und irdische Erscheinungen. In anderen Kulturen galt die Spinne als Göttin, die in der Mitte ihres Netzes oder Schicksalsrades sitzt. Für das Volk der Malekula in der Südsee ist die Spinne eine negative weibliche Kraft, die Mutter des Todes und die Initiatorin, die den Segen der Wiedergeburt bringt.[9]

Eine Spinne webt ihr Netz immer in einem schrägen Winkel; er erinnert an die Neigung der Erdachse, die zahllose Phänomene hervorbringt, welche Teil des irdischen Lebens sind. Wenn wir durch das goldene und silberne Netz der webenden, fangenden und tötenden Spinne blicken, erkennen wir die ständig sich wandelnden Lebenszyklen des Kosmos und seiner Geschöpfe. Wir können die silberne Wohnung der Spinne als klebrige, ungemütliche oder gar tödliche Falle betrachten oder als Symbol der vielen konzentrischen Ebenen des Seins, die mit einer ewigen Existenz verwoben sind. Gleichgültig, welchen Standpunkt wir einnehmen – als Gefängnis oder als funkelndes Juwel ist das Spinnennetz eine »Sprache«, die uns in einem hauchzarten Moment einen Einblick in den ewigen Plan gewährt.

Bralga, der tanzende Vogel

Bralga Numbardi ging gerne mit ihrer kleinen Tochter Bralga auf die Jagd. Ihr Stamm hielt das für töricht und meinte, eines Tages würden die Wurrawilberu beide fangen.

Um die alte Bralga machten die Daens sich keine Sorgen, aber der ganze Stamm war stolz auf die junge Bralga. Sie war das fröhlichste Mädchen und die beste Tänzerin des Stammes. Die anderen Frauen begnügten sich meist damit, mit den Bumerangs zu klappern, die zusammengerollten Decken aus Opossumfell zu klopfen und mit teils schrillen, teils hübschen Stimmen die Corrobories zu singen, während die Männer tanzten. Nicht so Bralga. Auch sie mußte tanzen, und zwar nicht nur die Tänze der anderen, sondern auch jene, die sie selbst erfunden hatte. Sie machte aus jedem Lied, das sie hörte, einen Tanz. Manchmal drehte sie sich mit lachenden Augen wie ein Bulie (Wirbelwind) und ging plötzlich zu einer gemessenen Schrittfolge über. Der Abwechslung halber machte sie dann eine Reihe von schnellen Drehungen, als habe ein Wirbelwinddämon sie gepackt.

Ihr Ruhm als Tänzerin verbreitete sich bis zu anderen Stämmen, und ihr eigener Stamm war wirklich stolz auf sie. Darum waren die Mitglieder des Stammes um ihre Sicherheit besorgt und fürchteten, die Wurrawilberu würden sie fangen. Die Wurrawilberu waren zwei Menschenfresser, die allein im Busch lebten.

Doch allen Warnungen zum Trotz ging Bralga Numbardi wie gewöhnlich mit ihrer einzigen Tochter auf die Jagd.

Eines Tages verließen sie das Lager für zwei oder drei Tage. Nichts geschah in der ersten Nacht, aber am nächsten Tag überraschten und fingen die Wurrawilberu sie. Sie versetzten Bralga Numbardi einen schweren Schlag. Sie fiel zu Boden und stellte sich tot, damit sie aufhörten zu schlagen. Die Wurrawilberu hoben sie auf und brachten sie zu ihrem Lager. Der jungen Bralga taten sie nichts zuleide, sie wollten sie behalten und tanzen lassen. Das sagten sie ihr auch, und sie gaben ihr ein Muggil (Steinmesser) zum Tragen und versicherten ihr, sie brauche sich nicht zu fürchten. Dann befahlen sie ihr mitzukommen. Sie ging mit ihnen, aber als sie nicht aufpaßten, warf sie das Messer weg.

Sobald sie das Lager erreicht hatten, fragten die Wurrawilberu nach dem Messer. Sie wollten Bralga Numbardi in Stücke schneiden und kochen. Bralga sagte, sie habe das Muggil dort liegen lassen, wo sie gelagert hätten.

Sie sagten: »Wir gehen zurück und holen es. Du bleibst hier.« Sie gingen weg. Als sie eine Weile fort waren, fragte die Mutter: »Sind sie außer Sichtweite?«

»Noch nicht. Warte ein wenig.«

Bralga beobachtete, wie sie weggingen, dann sagte sie es ihrer Mutter, die sofort aufsprang. So schnell sie konnten, liefen Mutter und Tochter fort zu ihrem Stamm und erzählten, was geschehen war.

Als die Wurrawilberu zurückkamen, sahen sie voller Wut, daß nicht nur die Tochter, sondern auch die Mutter, die sie für tot gehalten hatten, geflohen war. Kein Fest, kein Tanz für sie diese Nacht, es sei denn, sie fingen ihre Opfer wieder ein. Aus den Spuren lasen sie, daß Bralga in der Tat neben ihrer Tochter gerannt war.

»Sie hat sich nur totgestellt«, sagten sie, »um uns zu täuschen. Wenn wir uns beeilen, erwischen wir sie, bevor sie ihren Stamm erreichen. Und selbst wenn sie schon dort sind, werden wir sie uns schnappen.«

Aber die Daens hielten in voller Bewaffnung nach ihnen Ausschau. Als die Wurrawilberu das sahen, drehten sie sich um und flohen. Die Daens verfolgten sie schnell, konnten sie aber nicht einholen, und weil sie sich aus Furcht vor einer Falle nicht zu weit vom Lager entfernen wollten, kehrten sie zurück. Doch sie waren so erbost darüber, daß jemand versucht hatte, ihre geliebte Bralga zu entführen, daß sie einen Rat abhielten und beschlossen, die Wurrawilberu zu vernichten. Zwei der schlausten Wirrinuns versprachen, dem Feind ihre Mulli-Mullis in einem Wirbelwind nachzuschicken und ihn zu fangen.

Das taten sie. Die Bulies wirbelten mit den Mulli-Mullis umher. Sie folgten den Spuren der Wurrawilberu und holten sie bald ein. Sie zwangen die beiden, umzukehren und nun in Richtung des Lagers zu fliehen.

»Laufen wir vor diesen Wirbelwinden zum Lager zurück«, sagte einer der Wurrawilberu. »Dort packen wir das Mädchen und die Mutter und fliehen in eine andere Richtung. Im Lager werden die Wirbelwinde uns verfehlen und andere ergreifen. Wir lassen uns nicht einschüchtern. Die junge Bralga soll für uns tanzen und ihre Mutter soll unser Abendessen sein.«

So liefen sie vor den Wirbelwinden her, die während der Jagd immer größer und schneller wurden.

Die Daens waren so verblüfft, als sie sahen, daß die Wurrawilberu, verfolgt von den Wirbelwinden, schnurstracks zu ihnen zurückkamen, daß sie nicht daran dachten, sich zu bewaffnen. Die Wurrawilberu liefen mitten in die Menge.

Der eine packte die alte Bralga, der andere ihre Tochter, und bevor die erstaunten Daens handeln konnten, liefen die Feinde hinaus auf die Ebene.

»Holt eure Waffen«, brüllten die Mulli-Mullis in den Wirbelwinden den Daens zu, während sie durchs Lager rasten, dem Feind auf den Fersen.

Der Wurrawilberu, der die junge Bralga trug, lief voraus. Der andere sah, daß die Wirbelwinde näherkamen, ließ Bralga Numbardi fallen und lief weiter. Nicht weit von ihnen entfernt standen zwei riesige Balahbäume. Als die Wurrawilberu spürten, wie die Wirbelwinde – in denen sich, wie sie inzwischen wußten, Geister verbargen – sie bereits von den Füßen hoben, klammerten sie sich an die Bäume. Derjenige, der immer noch die junge Bralga in einem Arm hielt, ergriff mit dem anderen einen Ast.

»Laß das Mädchen los!« schrie der andere ihm zu. »Rette dich selbst.«

»Sie werden sie niemals bekommen«, erwiderte der erste wütend. »Auch dann nicht, wenn ich sie loslassen muß.«

Und als die Wirbelwinde sie heulend umringt hatten und in wildem Zorn an den Balahbäumen rüttelten, so daß sie knarrten und ächzten, murmelte der Wurrawilberu einen Zauberspruch und ließ die junge Bralga los. Als sie seinem Arm entglitt, stießen die Daens einen Freudenschrei aus. Sie waren den Wirbelwinden gefolgt und hatten ihre Speere gezückt, sie aber nicht geschleudert, um Bralga nicht zu verletzen. Doch ihre Freude war nur kurz. Die Wirbelwinde rasten um die Bäume, an welche die Wurrawilberu sich klammerten, und entwurzelten sie, bevor die beiden fliehen konnten. Immer höher und höher trugen die Wirbelwinde die Bäume samt den Menschenfressern, bis sie den Himmel erreichten. Dort setzten sie sie in der Nähe der

Milchstraße ab. Und dort stehen sie heute noch, zwei dunkle Flecken, die Wurrawilberu heißen, weil die beiden Kannibalen immer noch auf den Bäumen leben und allen, die die Warrambul (Milchstraße) entlangkommen, Angst einjagen. Auch viele alte Daens lagern dort und kochen das Essen, das sie gesammelt haben. Am Rauch ihrer Feuer erkennt man den Verlauf der Milchstraße. Aber diese Feuer kann man nur erreichen, wenn die Wurrawilberu weg sind. Ab und zu steigen sie nämlich hinab auf die Erde und verfolgen, in Bulies verborgen, ihre alten Feinde, die Daens.

Als die Daens sahen, daß ihre Feinde fort waren, wollten sie Bralga holen. Deren Mutter war bereits bei ihnen.

Doch wo war die junge Bralga? Niemand hatte sie weggehen sehen, und doch war sie fort. Sie suchten die ganze Ebene ab, sahen aber nur einen großen Vogel, der auf ihr hin und her lief. Sie gingen zurück an den Platz, wo die Bäume ausgerissen worden waren, suchten die Erde nach Spuren ab, fanden jedoch keine Spur von Bralga – nur die Spuren des großen Vogels, der aussah wie ein Kranich und nun auf der Ebene herumlief. »Anscheinend haben die Wurrawilberu sie doch wieder gepackt und mitgenommen«, sagten sie.

Sobald die Mulli-Mullis, welche die Wirbelwinde gesteuert hatten, von ihrer Reise zum Himmel zurückgekehrt waren, fragten die Daens sie, ob sie das Mädchen dort gelassen hätten.

»Nein«, sagten sie, »Bralga ist nicht mit zum Himmel geflogen. Ihr habt doch sicher gesehen, daß die Wurrawilberu sie freigelassen haben.«

Wo war sie also?

Niemand wußte es, und niemand dachte daran, den großen Vogel auf der Ebene zu fragen. Alle beklagten Bralga wie eine Tote. Ihr Geist, so fürchteten sie, werde das Lager heimsuchen, weil sie ihren Leib nicht gefunden und begraben hatten. Daß sie tot war, wußten sie, andernfalls wäre sie gewiß zu ihnen zurückgekommen. Sie verlegten ihr Lager auf die andere Seite der Ebene. Nach einiger Zeit bemerkten sie mehrere Vögel, die jenem glichen, den sie nach Bralgas Verschwinden gesehen hatten. Wenn diese Vögel eine Weile gefressen hatten, begannen sie eine seltsame Corroborie zu singen, und ein Vogel, der größer war als die anderen, war offenbar der Anführer.

Die Corroborie war irgendwie menschlich und hatte keine Ähnlichkeit mit den Bewegungen anderer Vögel. Die Daens hatten so etwas noch nie gesehen – außer wenn die verschollene Bralga getanzt hatte.

Der Führer brachte seine Gruppe zu einer Lichtung, und die Vögel bogen die Hälse, verneigten sich, machten Pirouetten, wechselten gemessenen Schrittes die Plätze und drehten sich dann mit gespreizten Flügeln im Kreis, so wie Bralga ihre Arme ausgestreckt hatte, bevor sie herumgewirbelt war, wie diese Vögel es nun taten. Als den Daens die Ähnlichkeit auffiel, riefen sie: »Bralga! Bralga!«

Der Vogel schien sie zu verstehen, denn er schaute sie an und ließ dann seine Gruppe immer wildere und kompliziertere Figuren tanzen.

Die Zeit verging, und der Anführer der Vögel wurde nicht mehr gesehen. Doch seine Gruppe hatte die Corrobories so gut gelernt, daß sie weiter die gleichen grotesken Tänze aufführte.

Als Bralga Numbardi starb, wurde sie an den Himmel versetzt, um dort ewig mit ihrer Tochter Bralga zu leben. Wir kennen die beiden als Magellansche Wolken, und die Daens nennen sie Bralga.

Dort erfuhr Bralga Numbardi, daß der Wurrawilberu ihre Tochter durch einen Zauberspruch in den tanzenden Vogel verwandelt hatte, dessen Gestalt sie behalten mußte, solange sie auf der Erde lebte.

Wenn die Daens von da an einen Bulie auf ihr Lager zukommen sahen, schrien die Frauen »Wurrawilberu!«, drückten ihre Kinder an sich und hüllten sie in Decken. Die Männer ergriffen ihre Waffen und schleuderten sie auf die verhaßten und gefürchteten Entführer Bralgas.

Erläuterungen

Wenn wir diesen Mythos lesen, sind wir sofort angerührt von dem Leiden, das die tanzende Bralga erdulden muß, weil sie über eine außergewöhnliche Begabung verfügt und sie gerne öffentlich zur Schau stellt. Unsere Wettbewerbsgesellschaft fördert und belohnt dieses Verhalten. In den Augen der australischen Ureinwohner hängen Bralgas tragisches Schicksal und ihr Wunsch, sich hervorzutun, miteinander zusammen. Wenn wir Bralgas Geschichte so verstehen, können wir neue Fragen stellen und über den Ruhm nachdenken, ein gesellschaftliches Phänomen, das unserer Meinung nach für die Entwicklung eines Individuums von entscheidender Bedeutung ist.

Unter Ruhm verstehen wir heute ein hohes Ansehen aufgrund herausragender Leistungen. Im Gegensatz zu dieser positiven Bedeutung schildert diese Geschichte die schwerwiegenden Folgen, die Bralgas Berühmtheit hat – gerade sie weckt die gefährlichen Begierden der Wurrawilberu. Die junge Bralga wirbelt und tanzt mit erstaunlichem Geschick. Ihre Tänze sind so anmutig, daß ihr Stamm sie liebt und respektiert, obwohl sie unbedingt die anerkannten Regeln brechen und sowohl die Tänze der Frauen wie auch die der Männer vorführen möchte. Manchmal ändert sie sogar die üblichen Schrittfolgen und Bewegungen und denkt sich neue aus.

Das Stammesleben der Ureinwohner verbietet es Männern und Frauen durchaus nicht, nach Anerkennung zu streben oder die eigene Individualität deutlich auszudrücken. Aber diese Erfahrungen sind der Initiation und den Riten vorbehalten. Während der Zeremonien des Übergangs ist jedes betroffene Stammesmitglied der unbestrittene Mittelpunkt der allgemeinen Aufmerksamkeit. Bei vielen anderen Riten spielen die Teilnehmer abwechselnd die dominierende Rolle, so daß jeder die Möglichkeit hat, sich durch Schönheit oder Können auszuzeichnen. Es ist also das natürliche Recht eines Stammesmitgliedes, die Anerkennung der anderen zu suchen und dadurch sein Selbstwertgefühl zu verbessern.

In der westlichen Gesellschaft gibt es viele, die sich um die Krone des Ruhmes bewerben. Die Auslese besorgt die viel größere Menge jener, die den Erfolg anbeten. Auf diese Weise dynamisiert der Ruhm nicht nur die Unterhaltung, sondern auch Religion, Politik und Geschäft. Eine solche Gesellschaft verführt die Menschen dazu, ihr Selbstwertgefühl an den Helden und Heldinnen zu messen, die ihre Träume erfüllen, ihre Hoffnungen und Wünsche ausleben. Ruhm erwerben somit die wenigen, die den vielen »Macht stehlen«. Was die Rolle des gottgleichen oder herausragenden Helden angeht, so haben wir jedes Gefühl für Ausgewogenheit verloren. Diese archetypische Rolle, symbolisiert von der berühmten, tanzenden Bralga, hat eine derartige Bedeutung gewonnen, daß sie alle anderen Aspekte unterdrückt.

Der zweite bemerkenswerte Aspekt der Leistung in dieser Geschichte betrifft das Phänomen der Besessenheit. Schon immer haben große Schauspieler behauptet, sie seien auf der Bühne »wie von Geistern besessen«. Auch ein Schamane, der heilen oder heiliges Wissen offenbaren will, muß von mächtigen Geistern besessen sein. Sowohl der Schauspieler wie auch der Schamane stellen eine Verbindung zur anderen Welt her, lösen ihre Individualität auf und erlauben anderen Kräften, in ihnen zu wohnen. So bauen sie eine Brücke der Kommunikation zwischen den unsichtbaren Ebenen und der materiellen Welt. Diese Zusammenhänge sind keine Überraschung, da das Theater seine Wurzeln im schamanistischen Ritual hat.

Sehr oft werden Schauspieler und Schamanen wie Bralga Gefangene der Maske, die sie tragen. Manchmal vergessen sie, daß allein die Besessenheit ihre Kräfte vervielfältigt, und sie glauben, Maske und Macht gehörten ihnen.[1] In diesem Mythos wollte Bralga immerzu tanzen; sie war nicht damit zufrieden, mit den Frauen zu singen oder andere zu unterstützen. Ihre Maske begann sie zu beherrschen, wie die Worte »als habe ein Wirbelwinddämon sie gepackt« verraten. Dieses Problem haben verschiedene Eingeborenenkulturen erkannt. Auch die amerikanischen Indianer ergriffen Maßnahmen, um der Selbstüberschätzung vorzubeugen, die Stammesmitglieder befallen konnte, wenn sie bei rituellen Darbietungen die Rolle eines gottähnlichen Totem-Ahnen übernahmen. Nach einer solchen Zeremonie mußte der Darsteller tage-, wochen- oder gar monatelang in äußerst unterwürfiger Haltung die niedrigsten Arbeiten verrichten, zum Beispiel Mais mahlen. Im folgenden Jahr gewährte der Totem oder Clan einem anderen Mitglied des Stammes das Privileg, die Rolle des mächtigen Ahnen zu übernehmen.

K. Langloh Parkers Forschungen bestätigen, daß die Australiden sich intensiv mit dem Phänomen der spirituellen Besessenheit befaßt haben. Ich möchte ihre Befunde hier kurz zusammenfassen, weil sie meine Deutung dieser Geschichte untermauern. Jeder Mensch besitzt mindestens drei Geister: den Jowie, die Entsprechung der Seele; den Duwie, einen Traumgeist; und den Mulluwil oder Schattengeist. Manche haben überdies einen Tiergeist, den Junbiai. Ein Wirrinun (Hexenmeister) erwirbt initiatorisches Wissen und kann daher seinen Traumgeist, der dann Mulli-Mulli genannt wird, vollständig beherrschen.[2] In unserer Geschichte versetzen zwei der schlausten Wirrinuns ihre Mulli-Mullis in Wirbelwinde und befehlen ihnen, die gemeinen Wurrawilberu zu jagen. Im Gegensatz zu den Wirrinuns mit ihrem tieferen Wissen kann der Duwie eines weniger eingeweihten Menschen nach Belieben herumwandern und die erschütternden oder friedvollen Abenteuer hervorbringen, die wir alle in unseren Träumen erleben. Manchmal wird der Traumgeist jedoch vom gesteuerten Mulli-Mulli eines Wirrinuns angegriffen oder gefangen. Wenn wir morgens müde und träge aufwachen, ist unser Duwie von einem anderen gehetzt oder attackiert worden. Nur wenn man mit fest geschlossenem Mund schläft, kann man sich davor schützen, daß der Duwie gefangen wird oder auf Abwege gerät – vorausgesetzt, er begegnet nicht dem Mulli-Mulli eines mächtigeren Wirrinuns.[3] Ein gründliches und komplexes Wissen um die Interaktionen zwischen Traumgeistern ist für die Ureinwohner unerläßlich, damit sie die Ereignisse, Konflikte und Glücksfälle ihres täglichen Lebens verstehen können.

Vor allem Frauen fürchten sich vor Wirbelwinden, die von Geistern – Bulies genannt – bewohnt werden; denn sie könnten ihnen eine Zwillingsgeburt aufzwingen. Zwillinge sind für die Australiden wegen ihrer nomadischen Lebensweise unerwünscht, aber auch weil das Zweitgeborene benachteiligt ist.[4] Die Bulies werden oft als Todesboten angesehen, aber auch als ein Gefäß, das den Geist eines Sterbenden aufnimmt und wegbringt. Katie Parker beschreibt den Tod einer alten Frau und erläutert, welche Bedeutung die Ureinwohner dem Bulie, dem von einem Geist bewohnten Wirbelwind, beim Tod beimessen:

»Er wirbelte herum, packte die toten Blätter der Culubas und vermischte sie mit dem Staub, den er zu einer spiraligen Säule aufgebaut hatte, welche, als werde sie wirklich von einem Geist gesteuert, geradewegs auf das Lager der Sterbenden zuraste. Er drehte sich und drehte sich, ein Staubteufel, der den Totentanz tanzte ...

Alles außer den wirbelnden Blättern war still, als die Säule das Lager erreichte. Als der Bulie sah, daß das Totenbett bewacht war, drehte er plötzlich ab und sauste die Straße entlang weg vom Lager. In der Ferne löste er sich auf ... Die alte Frau war tot.«[5]

Am Schluß der Geschichte wird Bralga in den australischen Kranich verwandelt, der ihren Namen trägt. Bevor sie ihren Platz am Himmel der Traumzeit einnimmt, bringt sie einer Gruppe von Kranichen oder Bralgas ihre exquisiten Tanzkünste bei. Heute zelebrieren diese Vögel ihre komplizierten und wirbelnden Tänze ohne einen Führer. Der Ursprung ihrer spektakulären Choreographie und Harmonie ist unbekannt. Auch die australide Kultur kommt ohne eine Hierarchie von Führern und Helden aus, weil sie sich dank der Traumzeitgeschichten und -riten im Einklang mit den unsichtbaren, spirituellen Kräften der Natur befindet. Wieder einmal beginnt die Geschichte mit dem Hinweis auf eine wunderbare und rätselhafte Eigenschaft einer Tierart und führt uns durch die ebenso mysteriösen Korridore unserer kollektiven und persönlichen Psyche und Natur.

Piggiebilla, das Stachelschwein

Ein Mann und eine Frau gingen eines Tages auf die Jagd. Als sie so viel erlegt hatten, wie sie brauchten, machten sie sich auf den Heimweg. Unterwegs sahen sie einen großen toten Nungabaum. An seiner Rinde fielen ihnen dunkle Stellen auf, wie Bargallian (eßbare Larven) sie zurücklassen.

Der Mann wollte einige herausholen. Er nahm sein Willader (ein großes Tomahawk) und begann zu hacken. Seine Frau, noch ein recht junges Mädchen, setzte sich neben ihn.

»Geh ein Stück weg«, sagte er. »Ich könnte dich treffen.«
Er hackte weiter, hörte aber gleich wieder auf, um sie erneut zu warnen. »Geh doch weg da!«

»Mach dir keine Sorgen um mich«, sagte sie und aß weiter die Larven, die neben ihr zu Boden fielen. Da schlug der Mann besonders hart zu, und das Willader rutschte ihm aus der Hand, traf seine Frau und schnitt ihr beinahe die Brüste ab.

Er dachte, sie müsse sterben und versprach ihr, rasch ins Lager zu laufen, um ihre Eltern zu holen. Doch zuerst trug er sie an einen Bach und legte sie in den Schatten.

Dann rannte er los. Als er gegangen war, sah die Frau, daß viele Bargallian über ihre Wunden krochen. Es gelang ihr, aufzustehen und sich an den Bach zu schleppen. Dort spülte sie die Tiere ab, kühlte ihre Wunden und kroch dann erschöpft an ihren Platz zurück.

Piggiebilla, eine alte Frau, kam vorbei. Sie sah, daß einige ihrer Lieblingslarven auf dem Bach trieben. »Wie sind meine Bargallian in den Bach gekommen?« fragte sie erstaunt. Sie sammelte ein paar von ihnen ein und ging dann zum Nungabaum. »Wer hat meinen Nungabaum aufgehackt?«

Sie schaute sich um, ging zurück zum Bach und folgte ihm, bis sie die verletzte Frau fand. Als sie sie sah, rief sie »Maijer! Was ist geschehen?«

»Mein Mann hat mich fast umgebracht. Er hat es nicht absichtlich getan. Jetzt holt er meine Eltern, damit sie mich sehen, bevor ich sterbe.«

»Du wirst nicht sterben. Ich mache dich gesund.«

Piggiebilla ging zu ihr und hielt ihre verletzten Brüste fest, während sie einen heilenden Sprechgesang anstimmte. Dann sagte sie: »Bald geht es dir wieder gut.«

Und sofort fühlte das Mädchen sich besser. Die Schmerzen waren verschwunden, und sie fühlte sich, als hätte das Unglück sich nie ereignet – es ging ihr recht gut. Aber sie hatte große Angst vor Piggiebilla, denn ihr war klar, daß die Alte eine große Wirrinun war.

»Bleib hier«, sagte Piggiebilla zu ihr. »Ich gehe meinen Kambie (Beutel) holen. Dann komme ich zurück und kümmere mich um dich.«

Doch kaum war Piggiebilla außer Sicht, zog das Mädchen, das sich wieder ziemlich kräftig fühlte, einen Baumstamm an den Unterschlupf heran, den ihr Mann gemacht hatte, legte ihn dorthin, wo sie gelegen hatte, deckte ihn mit ihrer Opossumdecke zu und lief in großer Eile zu ihrem Stamm. Als sie in Sicherheit war, berichtete sie über ihre Heilung und gestand, daß sie sich vor der alten Frau fürchtete, die ihr geholfen hatte, und daß sie vor ihrer Rückkehr geflohen war.

Ihr Stamm sagte, sie fürchte sich aus gutem Grund, denn die Alte hätte sie gewiß getötet, wenn sie geblieben wäre. Die alte Frau war nämlich Piggiebilla, eine große Wirrinun, die jeden umbrachte, der es wagte, ihren Nungabaum oder die Bargallians anzufassen.

Sie sagten, das Mädchen sei selbst jetzt nicht vor der Rache der Hexe sicher. Aber sie sagten ihr, was sie tun solle, und gaben ihr zwei kleine, spitze Knochen. »Leg dich auf den Rücken«, sagten sie, »und nimm einen Knochen in jede Hand. Wenn Piggiebilla dich verfolgt und findet – und das wird sie mit Sicherheit tun –, dann stoß ihr die Knochen in die Augen und blende sie.«

Nachdem Piggiebilla sich mit ihrem Yamsstock bewaffnet hatte, ging sie zu dem Platz zurück, wo sie das Mädchen zurückgelassen hatte, denn sie wollte es wirklich töten. Sie hielt den Baumstamm für das schlafende Mädchen unter einer Decke und versuchte, ihren Hexenstock hineinzubohren. Aber zu ihrer Überraschung spürte sie etwas Hartes. Sie schlug erneut zu – wieder vergeblich. Dann hob sie die Decke hoch, und da war nur ein Baumstamm!

Nun wußte sie, daß sie getäuscht worden war. Wütend packte sie ihren Hexenstock und folgte den Spuren des Mädchens.

Sie erreichte das Lager und ging leise hindurch bis zum Platz, wo das Mädchen lag. Dann hob sie ihren tödlichen Stock und wollte ihn ihrem Opfer in den Leib stoßen.

Doch bevor sie Zeit dazu hatte, sprang das Mädchen auf und stach ihr in beide Augen, so daß sie einen Moment machtlos war und nichts tun konnte. Und ehe sie sich erholt hatte, hoben die Angehörigen des Stammes ihre Speere auf und schleuderten sie auf Piggiebilla. Als die Waffen die Hexe trafen, fiel sie zu Boden, schrumpfte zusammen und verwandelte sich in ein kleines Tier mit eingedrehten Augen, das mit speerähnlichen Stacheln bedeckt war. In dieser Gestalt lief die alte Hexe rasch aus dem Lager und war bald nicht mehr zu sehen. Seitdem werden die Stachelschweine Piggiebilla genannt.

Erläuterungen

Der Schlüssel zur Deutung dieser Geschichte von Piggiebilla ist die australide Auffassung, daß Tod und Initiation ein und dasselbe sind. Im Stammesleben der Ureinwohner geleitet eine ältere Frau das junge Mädchen durch die initiatorischen Erfahrungen der Menstruation und des Gebärens. Es kann die Tante oder die Großmutter sein, welche die archetypische Rolle Piggiebillas, der weisen Einsiedlerin, spielt. In einigen Menstruationsriten baut der Verlobte der jungen Frau – ähnlich wie in unserer Geschichte – eine Hütte in der Einsamkeit, in der die ältere Verwandte das Mädchen in die Geheimnisse des Frauseins einweiht.

Dieses Ritual erstreckt sich über mehrere Monate. Während dieser Zeit wird die junge Frau mit Schlamm bedeckt und dem Rauch bestimmter brennender Blätter ausgesetzt. Sie darf nur essen, was die Initiatorin ihr bringt. Vier Monde lang sind weder Honig noch andere Süßigkeiten erlaubt. Nach einiger Zeit bereiten die Frauen des Stammes ihr ein Lager, das dem großen Lager etwas näher liegt. Dann bemalen sie das Mädchen mit rotem Ocker und weißem Gips und schmücken seine Arme und seinen Kopf mit Sträußchen aus lieblich riechenden weißen Blüten. Über ihren Kopf streuen sie weiße Schwanenfedern und durch das Loch in der Nasenscheidewand stecken sie einen Zweig eines heiligen Baumes. Die alte Frau gibt ihr einen Strauß rauchender Blätter, den sie bei sich trägt, wenn sie aufs

Hauptlager zugeht. Unterwegs singen die anderen Frauen ihr Lieder in einer seltsamen Sprache vor. Dann begegnet die junge Frau ihrem Verlobten, der mit dem Rücken zu ihr auf einem Baumstamm sitzt. Während der Gesang schneller und höher wird, wirft die junge Frau den Blätterstrauß zu Boden, packt ihren Verlobten an den Schultern und schüttelt ihn. Dann läuft sie weg. Nach einigen Wochen bekommt sie ein Lager, das dem Hauptlager noch näher ist. Man macht ein Feuer für sie, auf dessen anderer Seite ihr Verlobter lagert. Diese allmähliche Annäherung der beiden verstärkt die dramatische Intensität und das Geheimnisvolle, das ihre unvermeidliche Vereinigung umgibt. So lagern sie einen Mond lang, und danach unterrichtet die alte Frau das Mädchen davon, daß sie nun auf derselben Seite wie ihr Verlobter lagern und dessen gehorsame Frau werden muß. Er muß sie seinerseits gut behandeln, denn sonst nehmen ihre Verwandten sie ihm weg.[1]

Daß die junge Frau fast ihre Brüste verliert, könnte man als Rückkehr zu einem jüngeren Zustand vor der Initiation deuten. Vielleicht will dieser Vorfall andeuten, daß die formelle Initiation nicht den notwendigen inneren Wandel bewirkt hat und daß gefährliche Ereignisse notwendig waren, um ihre Initiation zu vollenden. Die junge Frau hat einen unstillbaren Appetit auf die Larven, die von Piggiebillas Baum fallen. Auf einer psychologischen Ebene können wir ihren Hunger als Wunsch deuten, sich der dunklen, einsamen Zauberin zu stellen und dann zur Zeremonie zurückzukehren, die sie innerlich noch nicht verarbeitet hat. Die einsame Eremitin mit den außergewöhnlichen okkulten, übersinnlichen oder heilenden Kräften ist eine Figur, die in australiden Traumzeitgeschichten häufig auftaucht, und sie steht im Gegensatz zur soziozentrischen Stoßrichtung des australiden Bewußtseins. Wie bereits erwähnt, identifizieren die Ureinwohner sich hauptsächlich mit ihrem Clan, ihrem Stamm oder ihren Angehörigen – ganz im Gegensatz zu unserer Gesellschaft, die sich um das autonome Individuum dreht.

Daß die Ureinwohner sich der Gemeinschaft verpflichtet sehen, bedeutet nicht, daß die archetypischen Formen der Einsamkeit und des Eremitentums unterdrückt würden; sie sind vielmehr spirituellen oder rituellen Ausdrucksformen vorbehalten. Gesellschaftliche Normen modifizieren diese reinen, prototypischen Energien und mischen daraus das menschliche Verhalten. Eine Witwe legt beispielsweise nach dem Tod ihres Mannes ein Schweigegelübde für einige Zeit ab. Schweigen wirkt bei Kummer oder während einer schwierigen Transformation oft heilend. Es gibt Frauen, die zwanzig oder fünfundzwanzig Jahre lang schweigen.[2] Den Bedürfnissen der Gruppe trägt dann eine komplexe Zeichensprache Rechnung, die alle Stammesmitglieder neben ihrer gesprochenen Sprache lernen.

Ein weiteres Symbol, welches das Motiv der einsamen Zauberin betont, ist das wegrutschende Tomahawk, das die Brüste der jungen Frau beinahe abtrennt. In der griechischen Mythologie symbolisiert Artemis, die einsame Jägerin in der Wildnis, einen ähnlichen Archetypus des weiblichen Bewußtseins. Artemis wurde wie die Amazonengottheiten am Schwarzen Meer in Südosteuropa oft mit fehlender rechter Brust abgebildet – die Verstümmelung erleichterte das Schießen mit Pfeil und Bogen.

Diese Operation wurde an allen Frauen vollzogen, die sich für das Leben als einsame Jägerin entschieden.[3] Das rituelle Entfernen der Brust symbolisiert Unabhängigkeit von den Beschränkungen der gesellschaftlichen Ordnung und von der archetypischen nährenden Mutter. Auch Artemis symbolisiert die Konzentration der weiblichen Energie auf die eigene spirituelle Entwicklung und den Erwerb okkulter Macht. Artemis verabscheut zwar die Gesellschaft; doch gerade wegen dieser Unabhängigkeit kann sie die Rolle der Führerin, Beschützerin und Initiatorin der Mädchen und Frauen während der schwierigen Phasen ihres Lebens übernehmen.

Es ist interessant zu untersuchen, welche Veränderung der Archetypus der Eremitin seit seinen Ursprüngen in der australiden Traumzeit durchgemacht hat. Viele Attribute und Funktionen der Artemis, der Eremitin, wurden in früheren Zeiten Diana von Ephesus zugeschrieben, die nicht mit abgetrennter Brust, sondern mit zahlreichen Brüsten abgebildet wurde – sie »säugte« alles, was lebte.[4] Da die patriarchalische Gesellschaft die weiblichen Kräfte ständig bedrohte und attackierte, wurde aus diesem allegorischen Bild der Diana das der Artemis (mit entfernter Brust), die sich dem gesellschaftlichen Prozeß entzog und ihm feindselig gegenüberstand.

Zu diesem Archetypus der selbstgenügsamen Zauberin Piggiebilla fühlt die junge Frau in unserer Geschichte sich unbewußt hingezogen. Zuerst vertraut sie ihren Heilkünsten; doch als ihr klar wird, daß diese wundersame Genesung von einer Wirrinun bewirkt wurde, bekommt sie Angst und flieht in den Schoß ihrer vertrauten Gruppe.

Das eigentliche Drama in diesem Mythos ist der Konflikt zwischen dem Drang nach Zusammenhalt und Sozialisation und dem Drang nach Isolierung und Individualität. Die junge Frau ist zwischen diesen Extremen gefangen. Nach ihrer Flucht bringt der Stamm ihr bei, wie sie den archetypischen Drang nach Individualität blenden kann, solange sie noch nicht verstanden hat, wie sie ihn in ihr Leben integrieren kann. Die Ureinwohner benutzen Knochen als mächtige Werkzeuge zur Projektion spiritueller Energie. In dieser Traumzeitgeschichte schützen sie die junge Frau, die sie in die Augen der alten Piggiebilla sticht.

Der Stamm, das Symbol der Solidarität der Gesellschaft, erschlägt Piggiebilla, die für immer in ein Stachelschwein verwandelt wird. Die geblendeten Augen Piggiebillas und die typischen, tiefsitzenden Augen des Stachelschweins symbolisieren den Vorrang der Selbstbeobachtung, einem notwendigen Bestandteil des einsamen Lebens. Die Nadeln des Stachelschweins sind die transformierten Speere der gesellschaftlichen Entfremdung, die der Einsiedler, Künstler oder Mystiker erdulden muß. Mit anderen Worten, diese gesellschaftliche Entfremdung wird eine Waffe, die jene Lebenserfahrungen schützt, die durch Einsamkeit und Entsagung das innere Wachstum fördern.

Der Beginn der Menopause gibt der Frau die natürliche biologische Möglichkeit, selbst zum Prototyp der weisen Frau oder Eremitin zu werden. Die männliche Variante dieses ursprünglich menopausalen Archetypus, die mönchische Entsagung und Askese, wurde zum spirituellen Stachel der meisten monotheistischen Religionen. Die christliche Welt übernahm diese spirituellen Werte von den transzendentalen und weltverleugnenden Lehren einiger östlicher Quellen, und das führte zum Bruch zwischen dem spirituellen und weltlichen Leben. Die kulturelle Weisheit der Australiden vermied diesen Dualismus, indem sie den Archetypus des einsiedlerischen Heilers in den Sozialisationsprozeß integrierte.

Der Archetypus der einsamen Heilerin war das Ziel der Hexenjagden im mittelalterlichen Europa. Im Laufe von vier

Jahrhunderten wurden Millionen von Frauen gefoltert und ermordet, weil die christliche Kirche Angst vor der Macht des Weiblichen hatte und versuchte, eine Tradition zu zerstören, die das Okkulte und das Heilen den alten Frauen überließ. Während dieser schrecklichen Phase der Menschheitsgeschichte wurden Zauberinnen und Heilerinnen, die es seit vielen Generationen gegeben hatte, beinahe ausgerottet.

Der Sturmangriff der von Männern beherrschten Gesellschaft auf diesen weiblichen Archetypus dauert heute noch an. Das belegen die verschiedenen Hormonbehandlungen, die in den natürlichen Prozeß der Menopause eingreifen. Diese überwiegend von Männern erfundenen Medikamente bringen vielen Frauen Erleichterung, deren Fortpflanzungsorgane schon durch chemische und mechanische Verhütungsmittel aus dem Gleichgewicht gebracht wurden. Die Menopause ist ein natürliches Stadium im Leben der Frau, und in den alten Kulturen galten die damit verbundenen Beschwerden als Initiation in ein tieferes, einfühlsameres Wissen. Man glaubte, das Menstruationsblut (es galt häufig als »magisch«) werde im Körper zurückbehalten, um Weisheit und Vision zu fördern.[5] Die Menopause schenkte der Frau Zeit, sich zu sammeln, ihr Leben zu überdenken, ihre Aufmerksamkeit von ihrer Nachkommenschaft abzulenken und sich auf die einsame Reise ans Ende des Lebens vorzubereiten. In der australiden Kultur waren ältere Frauen spirituelle Autoritäten, die selbst von hochgestellten Männern verehrt wurden.

Die weibliche Brust ist in vielen Kulturen ein Brennpunkt der erotischen und esoterischen Macht.[6] Das Abtrennen der Brüste der jungen Frau symbolisiert die Transformation der sexuellen und erotischen Aspekte des Lebens oder den Verzicht auf sie. Man weiß, daß die Vagina auf die Stimulierung der Brüste mit der Absonderung eines natürlichen Gleitmittels reagiert, und der Säugling an der Brust verhindert nicht nur eine erneute Geburt, sondern trägt auch dazu bei, daß die Gebärmutter nach der Entbindung heilt.[7] Dieser unnahbare, heilende, weibliche Archetypus kommt im Leben der Ureinwohner zur Entfaltung, wenn Frauen nach einer Entbindung ein oder zwei Jahre lang auf Geschlechtsverkehr verzichten. Das ermöglicht nicht nur die Heilung der inneren Organe, sondern gilt auch als eine Methode, das Selbstgefühl wiederzugewinnen. Insofern hat die männliche Polygamie für die Frau auch Vorteile.

Die ständige Unterdrückung der sexuellen, magischen und spirituellen Energie der Frau in unserer Zeit können wir sowohl in metaphysischer wie auch in biologischer Hinsicht als Mitursache des Brustkrebses bei Frauen betrachten, der immer häufiger vorkommt. Was die kollektive Ebene betrifft, so wies C. G. Jung darauf hin, daß die unterdrückten archetypischen Energien eines Tages in ihrer dunkelsten Form wieder zum Vorschein kommen. Wilhelm Reich wies nach, daß diese Unterdrückung unmittelbar mit der Entstehung von Tumoren zusammenhängt. In metaphorischer Hinsicht waren die sieben Brüste das Symbol der Einsiedlerin, die auf die gesellschaftlich anerkannte Rolle der fürsorglichen Frau verzichtete. In unserer Gesellschaft wirft das Abtrennen von Brüsten einen dunklen Schatten auf das Leben vieler Frauen. Brüste werden heute chirurgisch entfernt, weil sie Krebsgeschwülste enthalten, oder man schneidet sie auf und füllt sie mit Silikonimplantaten, damit sie einem klischeehaften männlichen Bild von weiblicher Schönheit entsprechen.

Unsere Gesellschaft erkennt die archetypischen Einflüsse

auf unser tägliches Leben nicht an. In der australiden Auffassung von Realität hat dagegen alles eine symbolische Bedeutung oder nichts hat eine Bedeutung. Jede Art der Erfahrung hat einen verborgenen Sinn und offenbart ein ewiges Muster, dessen Teil die Menschheit und die Natur sind. Ein wichtiger Aspekt der Initiation eines jungen australiden Mädchens ist die Entwicklung des Feingefühls und der Konzentration, die ihr die lebendigen und symbolischen Wechselbeziehungen der natürlichen Welt bewußt machen. Während ihrer Isolation wird sie angewiesen, auf den ersten Ton zu achten, den jeder Vogel im Laufe des Tages singt, und sie muß darauf mit einem speziellen klingenden Laut antworten. Man glaubt, in den Vögeln wohnten die Geister ihrer verstorbenen Ahninnen und sie könne auf diese Weise eine sublime Kommunikation zwischen den Generationen aufrechterhalten. Außerdem muß sie ihre Aufmerksamkeit so konzentrieren, daß sie jedes Geräusch bewußt wahrnimmt, das die Angehörigen ihres Stammes im fernen Lager machen. Dadurch, daß sie genau auf die Laute, Gerüche und Szenen ihrer natürlichen Umwelt und des Lagers achtet und sie in sich aufnimmt, stärkt sie die Lebenskraft ihres Körpers. Wenn sie nicht die Fähigkeit erwirbt, den Geist und das Leben ihrer Umwelt zu absorbieren, dann, so sagt man ihr, werde ihr Haar früh ergrauen, ihre Augen würden sich trüben und ihr Körper werde bald erschlaffen.[8] Mit anderen Worten: Das Altern ist für die Ureinwohner die Folge einer unterbrochenen Verbindung mit dem Geist des irdischen Lebens. Wenn wir unsere Umwelt heilen und harmonisieren wollen, müssen wir dieses tiefe Gefühl der Verbundenheit neu beleben.

Der Regenvogel

Bugudugada war eine alte Frau, die allein mit ihren vierhundert Dingos lebte. Nachdem sie lange mit diesen Hunden gelebt hatte, kümmerte sie sich nicht mehr um andere Geschöpfe, sondern betrachtete sie nur noch als Nahrung. Sie und die Hunde lebten von Menschenfleisch, und da sie schlau war, fiel es ihr leicht, sich diese Nahrung zu beschaffen.

Meist zog sie mit zwei kleinen Hunden los, und sie konnte sicher sein, einige Schwarze zu treffen, vielleicht zwanzig oder dreißig, die zum Bach gingen. Dann sagte sie: »Ich weiß, wo ihr eine Menge Mairas (eine Melonenart) findet.«

Wenn sie sich nach dem Platz erkundigten, antwortete sie: »Dort drüben auf diesem Morilla (steiniger Hügel). Wenn ihr hingeht und eure Nullas (Knüppel) bereithaltet, folge ich euch mit meinen Hündchen und sammle sie für euch ein.«

Selbstverständlich stellten die Schwarzen sich an dem Platz auf, den sie ihnen gezeigt hatte, und Bugudugada machte sich mit ihren zwei Hunden auf den Weg – aber nicht, um Mairas zu sammeln.

Sie ging rasch zum Lager und rief leise: »Birri gu gu«, und das war für die Hunde das Zeichen herauszukommen.

Schnell kamen sie, umringten die Schwarzen, überraschten sie, sprangen sie an, bissen sie und ängstigten sie zu Tode. Dann zerrte Bugudugada die Leiber ins Lager, kochte und verspeiste sie. Sobald der Fleischvorrat aufgebraucht war, wiederholte sich alles.

Die Schwarzen vermißten bald so viele Freunde, daß sie herausfinden wollten, was aus ihnen geworden war. Sie begannen die alte Frau zu verdächtigen, die allein lebte und mit zwei kleinen Hunden auf den Hügeln jagte. Darum beschlossen sie, daß die nächste Gruppe, die zum Bach ging, sich teilen mußte. Einige sollten zurückbleiben und aus einem Versteck alles beobachten.

Die Späher sahen, wie die alte Frau sich ihren Freunden näherte, eine Weile mit ihnen sprach und dann mit ihren beiden Hunden wegging. Ihre Freunde stellten sich oben auf den Hügel und hielten ihre Knüppel bereit, als warteten sie auf etwas. Dann hörten sie die Alte leise rufen: »Birri gu gu!«, und sogleich liefen Hunderte von Dingos aus dem Busch in jede Richtung und umringten die Schwarzen auf dem Hügel.

Die Dingos kamen näher und kreisten die Schwarzen rasch ein. Dann griffen sie gleichzeitig an, bissen sie und töteten sie.

Als ihre Freunde tot waren, sahen die Beobachter, wie die alte Frau kam und den Hunden half, die Leichen in ihr Lager zu bringen.

Nun gingen die Späher zu ihrem Stamm und berichteten, was sie erlebt hatten. Alle Stämme der Umgebung versammelten sich und vereinbarten einen sofortigen Rachefeldzug. Sie machten sich gut bewaffnet auf den Weg. Ein Trupp sollte die Dingos und Bugudugada fangen. Und kaum rückten die Hunde den Schwarzen wie gewöhnlich auf den Leib, um sie zu töten, eilten zweihundert andere Schwarze herbei. Ihr Angriff war so erfolgreich, daß Bugudugada, ihre zwei kleinen Hunde und alle anderen Dingos den Tod fanden.

Die Alte lag, wo sie erschlagen worden war. Aber als die

Schwarzen weggingen, hörten sie sie rufen: »Bugududa-da!«

Also gingen sie zurück, brachen ihr die Beine und ließen sie liegen. Doch dann hörten sie wieder ihren Ruf: »Bugudugada!« Also kamen sie noch einmal und noch einmal zurück, und schließlich war jeder Knochen ihres Körpers gebrochen. Trotzdem rief sie immer noch: »Bugudugada!« Darum blieb ein Mann bei ihr, um herauszufinden, woher dieser Schrei kam, denn tot war sie ihrer Meinung nach gewiß. Er sah, wie ihr Herz sich bewegte, und hörte erneut den Ruf: »Bugudugada!«, und in diesem Augenblick schlüpfte ein kleiner Vogel heraus.

Dieser kleine Vogel läuft auf den Hügeln herum und schreit nachts: »Bugudugada!« Tagsüber bleibt er an einem Ort, und nur nachts kommt er heraus. Es ist ein kleiner grauer Vogel, der einem Wiedai (Laubenvogel) ähnelt. Die Schwarzen nennen ihn Regenmacher, denn wenn jemand seine Eier stiehlt, ruft er unaufhörlich »Bugudugada!«, bis es regnet. Und wenn das Land unter einer Dürre leidet, suchen die Daens nach einem dieser kleinen Vögel und jagen ihn so lange, bis er laut »Bugudugada!« ruft. Wenn sie ihn am Tag schreien hören, wissen sie, daß es bald regnen wird. Als der kleine Vogel aus dem Herzen der Frau kroch, wurden alle toten Dingos in Schlangen verwandelt. Es waren viele verschiedenen Arten, und alle waren giftig. Die beiden kleinen Hunde verwandelten sich in Dajaminja, eine sehr kleine, ungiftige Rautenschlange, weil sie die Daens nicht gebissen hatten. Auf der Spitze der Hügel, wo Bugudugada und ihre Dingos die Schwarzen zu töten pflegten, sieht man weiße Steinhaufen. Das sollen die versteinerten Knochen der Getöteten sein.

Erläuterungen

Die Australiden sind oft beschuldigt worden, Kannibalen zu sein. Es gibt jedoch Beweise dafür, daß der Verzehr von Menschenfleisch selten, in sehr begrenztem Umfang und nur im Rahmen von Riten vorkam. Außerdem deuten die vielen Geschichten der Ureinwohner, in denen das Thema angesprochen wird, darauf hin, daß es überwiegend symbolisch verstanden wurde. In dieser Geschichte vom Regenvogel begegnen wir der Ahnin Bugudugada, die das fängt und verzehrt, was sie scheut – die Gemeinschaft mit ihrem Stamm. Das fröhliche, intime und komplexe Gefüge des Stammeslebens, das der Einsiedlerin Bugudugada vorenthalten wird, sorgt dafür, daß das Bedürfnis jedes Menschen nach Nahrung und menschlichen Kontakten befriedigt wird. Insofern symbolisiert ihr Kannibalismus die unbewußten Mechanismen, durch die wir uns unweigerlich verleugnete Bedürfnisse und Wünsche erfüllen. Bugudugada, die Jäger verspeist, symbolisiert die Art und Weise, wie wir zwanghaft Teile unserer Umwelt verzehren, um unserem Gefühl der Minderwertigkeit, der Entbehrung, der Selbstverleugnung und des mangelnden Selbstwertgefühls Nahrung zu geben.

Obwohl die moderne Welt sich vor dem Kannibalismus ekelt und ihn auf der materiellen Ebene untersagt, kommt er in seiner psychologischen und spirituellen Form bei uns häufig vor. Vor allem Wettbewerb und Kommerz verleiten uns zu dem Glauben, daß unsere unterdrückten oder vereitelten Träume und Wünsche erfüllt werden können, wenn wir eine Unmenge von Klischees »schlucken«. Wir werden so konditioniert, daß wir nicht nur die Strümpfe, sondern auch die Beine des Models auf einem Werbefoto begehren, ebenso den Bizeps des Supersportlers und das

Gesicht des Hollywoodstars. Vor Beginn der modernen Zivilisation lebten die Menschen etwa 150 000 Jahre lang als Jäger und Sammler in Stämmen. Der Psychologe Robert Johnson vermutet, daß ein großer Teil unseres Verhaltens die dunklen, verstörten Aspekte unseres lange unterdrückten und verleugneten Stammesbewußtseins widerspiegelt. Die Umwandlung des rituellen Kannibalismus in die seelische Freßorgie unserer Zeit ist ein gutes Beispiel dafür.

Diese moderne, kommerzialisierte, sublimierte Form des Kannibalismus erinnert an das Verhalten der Naturvölker und unterscheidet sich dennoch sehr davon. Bei den australischen Ureinwohnern kann es beispielsweise vorkommen, daß ein junger Jäger ein Stück von einem Schenkel eines sehr erfolgreichen verstorbenen Jägers ißt, um etwas von seinen Fähigkeiten zu erwerben. Und wenn ein Ältester stirbt, kann es sein, daß seine Körperflüssigkeiten verzehrt oder auf die Haut gerieben werden, um an den herausragenden Eigenschaften des verehrten Menschen teilzuhaben.[1] Kannibalismus gab es bei den Australiden also nur in Verbindung mit einem natürlichen Tod. Mit den späteren Formen in anderen Kulturen, die Menschenopfer einschlossen, hatte er nichts zu tun. Für die Australiden war der heilige körperliche Akt des Kannibalismus gleichbedeutend mit den tiefen, mitfühlenden Bewußtseinszuständen, in denen nicht nur eine psychologische Identität hergestellt, sondern auch eine starke psychische Schwingung übermittelt und ausgetauscht wurde.[2] In diesem Sinne bedeutet Kannibalismus den Austausch einer Eigenschaft oder Energie zwischen Wesen, die eine tiefe, metaphysische Beziehung hergestellt haben. Da unsere Gesellschaft die psychischen und rituellen Aspekte dieses Prozesses nicht kennt, bleibt ihr nur eine infantile und kommerziell ausgebeutete Umkehrung des Kannibalismus.

Die Australiden moralisieren nicht über die Versklavung des Menschen durch unbewußte oder unbefriedigte Wünsche, die Bugudugada verkörpert. Statt dessen erkennen sie an, daß sie diese gefährlichen und unsozialen Aspekte durch ihren symbolischen Tod und ihre Wiedergeburt transformieren. Wie unersättlich der Appetit des Menschen ist, illustriert die Tatsache, daß die Männer des Stammes mehrmals zurückkehren, um Bugudugadas Knochen zu brechen. Doch dieser dunkle, unersättliche Trieb Bugudugadas wird transformiert und hüpft schließlich in Gestalt eines kleinen Regenvogels aus ihrem Herzen. Mit anderen Worten: Die verderbten Exzesse weichen ihrem Gegenteil: einer reinigenden Kraft, die Regen bringt.

K. Langlok Parker schreibt, während einer schlimmen Dürre sei einmal ein Regenvogel in ihren Garten geflogen, und nachdem die Ureinwohner seinen Schrei gehört hätten, seien sie davon überzeugt gewesen, daß es bald regnen werde. Kurze Zeit später sei der Regen gefallen. Während einer anderen Dürre, als die australiden Regenmacher die schwangeren Wolken nicht zum Platzen bringen konnten, um Regen vom Himmel strömen zu lassen, sahen einige ältere Ureinwohner einen Regenvogel und jagten ihn. Leider gelang es ihnen diesmal nicht, ihn zum Schreien zu bringen, und die Trockenheit hielt an.[3]

In vielen archaischen Mythen ist von Göttinnen die Rede, die wie Bugudugada von Hunden begleitet werden. Sie wurden immer mit dem Tod in Verbindung gebracht. Die treuen, wolfsähnlichen Hunde der Hel, der nordischen Göttin der Unterwelt, halfen ihr, die Toten in die andere Welt zu begleiten, und wie Bugudugadas Dingos knabberten sie am Fleisch der Leichen. Unsere Geschichte läßt auch an einen indischen Brauch denken, bei dem ein Stück des Leichnams vor der Bestattung rituell den Hunden geopfert wurde.[4] In der altägyptischen Mythologie war der Schakalhund Anubis ein Totenwächter, der die Überreste der Verblichenen fraß. Auch Hekate, die Königin der Schatten, ließ ihren Hund das Tor zum Reich des Hades, der Welt zwischen Leben und Tod, bewachen.[5] In dieser australischen Geschichte ist Bugudugada das Symbol der metaphysischen Bedeutung des Kannibalismus. Das heißt, die universelle Schöpfung, als Tod verkleidet, verzehrt sich selbst. Hunde waren die Beschützer der Jagdgöttin Artemis. Auch sie verkörperte eine Frau, die sich von der Gesellschaft getrennt hat und die das Gegenstück des einsamen Jägers ist. Als der Jäger Aktäon unaufgefordert in die weiblichen Mysterien und in die Wildnis eindrang, verwandelte die erboste Göttin ihn in einen Hirsch, so daß seine eigenen Hunde ihn zerfleischten.[6] In diesem Mythos spiegeln die Dingos Bugudugadas Hunger nach der verschmähten männlichen Energie wider. Nach ihrem dunklen Festmahl verwandeln die Dingos sich in Schlangen, die oft das Symbol der Assimilation oder der Vermischung männlicher und weiblicher Energie sind. In vielen Mythen der Welt sind Hunde und Schlangen das Symbol des Weiblichen und insofern gleichbedeutend, als beide imstande sind, im Bereich zwischen Leben und Tod zu existieren. So wurden zum Beispiel die Erinnyen, halbmenschliche Göttinnen, sowohl als Hunde wie auch als Schlangen dargestellt.[7] Die sinnliche Schlange, die auf rätselhafte Weise ihre Haut abwirft, stellt das ewige Gleichgewicht zwischen Tod und Wiedergeburt dar. Die Schlange, die sich in den eigenen Schwanz beißt (der Uroborus), ist ein uraltes Symbol der universellen Einheit der Gegensätze: Hunger/Sattheit, Leben/Tod, weiblich/männlich. Mit dem Tod und der Wiedergeburt der Ahnin Bugudugada berührt eine scheinbar simple Erzählung der australischen Ureinwohner genau die symbolischen Gegensatzpaare, die wir in den Mythen der meisten Kulturen und Zeitalter finden.

Geschichten von
magischen Kräften

*Das Subtile, Vieldeutige, miteinander Verwo-
bene, Ungreifbare jenseits der Vernunft und
der Logik hat seine Wurzeln im universellen
Weiblichen. Es ist die Grundlage dessen, was
wir »Magie« oder »Okkultismus« nennen. Diese Dimension der Existenz, der wir eine aktive,
gestaltende Rolle in unserer Weltanschauung
so lange vorenthalten haben, offenbart sich
in diesen Mythen als fundamentaler und heiliger Bestandteil der ältesten Kultur der
Menschheit, der Kultur der australischen Ureinwohner.*

Mudubangul, die Witwe

Mudubangul, eine Witwe, lebte mit ihren zwei kleinen Kindern, einem Jungen und einem Mädchen, in Nagerbeja.

Eines Abends begannen die beiden kleinen Kinder zu weinen und bettelten um Durrie (Grassamenbrot), weil sie hungrig waren.

Ihre Mutter befahl ihnen, still zu sein, aber sie gehorchten nicht, und darum beschloß sie, ihnen Angst einzujagen, und rief: »Marmbeja, Marmbeja«, einen Namen, den man mitunter den Minga, den Baumgeistern, gibt.

»Marmbeja! Wo seid ihr nur? Diese Kinder wollen nicht aufhören zu weinen.«

Zu ihrer Überraschung antworteten die Marmbeja: »Warte, warte. Gib uns Zeit, zu dir zu gelangen. Du weißt, wir sind sehr alt. Wenn wir hasten, stolpern wir über die herumliegenden Stöcke.«

Als Mudubangul sie antworten hörte, fürchtete sie sich. Sie wollte gar nicht, daß die Geister kamen, sie hatte nur ihre Kinder beruhigen wollen. Jetzt nahm sie ihren Sohn und ihre Tochter an der Hand und brachte sie in ihren Dardurr (Verschlag für die Felle). Sie versteckte die beiden in einer Ecke unter der Opossumhaut, dann ging sie zum Feuer, setzte sich und tat, als sei sie allein.

Die Yamsstöcke der Marmbeja machten tap-tap, und als sie hörte, wie das Geräusch näherkam, bewaffnete sie sich mit einem Murrumon, einem Stock, an dessen Ende das geschärfte Stück eines Emubeinknochens angebracht war.

Als die Marmbeja sich alle um das Feuer versammelt hatten, ging einer von ihnen auf den Dardurr zu, wo sie die Kinder versteckt hatte. Da stieß sie ihm die Spitze des Murrumons ins Auge. »Mildie, mildie, girro durungnie widja gurrgai, werhurra gugnie?« Das bedeutet: »Mein Auge, mein Auge – es ist verletzt. Sprich, was gibt's, was ist los?«

Die Marmbeja dachten, man habe ihnen eine Falle gestellt. Sie waren doch nur gekommen, weil die Frau sie gerufen hatte – und das war nun der Dank! Es war bestimmt eine Falle. Sie wollten keine Zeit verlieren, und darum gingen sie nicht weg, sondern nutzten die Kräfte, die Geister haben, erhoben sich in die Luft und flogen in ihren Minga zurück. Dort, so wußten sie, waren sie sicher.

Erläuterungen

Die Australiden glauben, daß die Geister der Neugeborenen bei völligem Bewußtsein im »Reich der Ungeborenen«[1] leben. Übersinnliche und natürliche Kräfte (die nicht vom Geschlechtsverkehr der Eltern abhängig sind, ihn aber einschließen können) bringen gemeinsam den präexistenten Geist des Kindes in die physische Welt der Lebenden.

Der Übergang der kleinen Kinder vom Mutterschoß in die physische Welt geht einher mit der Reise aus den Tiefen ihres spirituellen Ursprungs ins bewußte Leben. Die Aborigines glauben, daß Kinder ihrer Natur nach mit der unsichtbaren Welt verbunden sind und noch mehrere Jahre zwischen dem Reich der Geister und der physischen Verkörperung geteilt bleiben, bevor sie sich vollständig mit der natürlichen Welt vereinigen. Darum ist es von größter Bedeutung, daß Mütter über die Geisterwelt Bescheid wissen. Sie müssen die Kinder während ihrer körperlichen Reifung erziehen und mit ihren spirituellen Kräften kommunizieren.

In dieser Geschichte geht es um einen Teil dessen, was die Frauen der Ureinwohner von der Geisterwelt wissen und verstehen müssen, wenn sie Kinder großziehen. Wie K. Langloh Parker bemerkt, glauben Eualajifrauen, daß Kinder Geister sehen können, die für andere unsichtbar sind, und daß sie mit den Geistern sprechen, wenn sie scheinbar alleine vor sich hin plappern. Wenn Kleinkinder ihre Hände öffnen und schließen – ein für sie typisches Verhalten –, dann ist dies in den Augen der Australiden ein Zeichen dafür, daß ihr Geist immer noch mit dem Geistclan herumwandert, jagt, sammelt und vor allem im Reich der Ungeborenen »Krebse fängt«.[2]

Die Geschichte von Mudubangul will Mütter warnen und daran erinnern, daß die Geistenergie nahe ist und sich von der Atmosphäre, die ein Kind umgibt, leicht provozieren läßt. Geburtsrituale betonen die Gegenwart übernatürlicher Kräfte. Wenn eine Frau kurz vor der Geburt steht, versucht die Großmutter oft, das Ungeborene in die neue Welt zu locken. Spürt die Mutter jedoch, daß die Geburtswehen einsetzen, sträubt sich das verspielte Kind häufig gegen die übereifrige Aufforderung der Großmutter und erscheint erst, wenn sie zur »stillen Beobachterin« wird. In diesem Fall übernimmt eine andere Verwandte die Aufgabe, das Kind aus der Gebärmutter zu locken. Sehr oft beginnt sie dieses Ritual mit einer Beschreibung aller Leute, die das Ungeborene so gerne kennenlernen wollen – Tante, Schwester, Vaterschwester und viele andere. Sie sagt beispielsweise: »Komm jetzt, hier ist dein Tantchen, sie wartet auf dich.« Wenn diese zahlreichen Bemühungen scheitern, erzählt der Lockvogel von den vielen Früchten, die draußen wachsen, oder von einem herrlichen Ort, den das Neugeborene unbedingt besuchen sollte: »Beeil dich, die Hummelfrucht ist reif. Die Guiebetblumen blühen. Das Gras ist hoch. Die Vögel schwatzen alle. Und der Platz ist wunderschön, beeil dich und sieh selbst!«

Häufig gilt das Kind aber als zu schlau, um seine warme Zuflucht zu verlassen; darum schwingt eine ältere, weise Frau während der Geburt einen Wimujan, einen »schlauen Stock«. Sie bewegt ihn über der werdenden Mutter und dem störrischen Kind hin und her und murmelt dabei einen Zauberspruch.[3] Unter dem Bann der gewitzten Frau wagt das Kind sich endlich ans Licht der natürlichen Welt. Diese und viele andere Geschichten illustrieren, wie Australidinnen sich mit dem Ungeborenen unterhalten, als sei es schon ein intelligentes Geschöpf, das alles versteht. Diese Kommunikation zwischen der Lebenden und dem Ungeborenen schließt immer das Wissen um die übernatürlichen Faktoren ein, die mit im Spiel sind. Die Aktivitäten vieler moderner Psychologen spiegeln dieses uralte Ritual ebenfalls wider; denn sie sind sehr an den intellektuellen Reaktionen und Erinnerungen des Ungeborenen interessiert.[4]

Beim Volk der Eualaji beginnen Kleinkinder unter der Schirmherrschaft von Balu, dem Mond, spirituelle Form anzunehmen. Wenn es sich um Mädchen handelt, arbeitet er mit Wahn, der Krähe, zusammen. Die weiblichen Geister werden von einem Stein, dem Gumar, der Balu heilig ist, zu ihren künftigen Eltern geschleudert. Balu hilft Bumajamajamul, der Waldeidechse, bei der Erschaffung männlicher Babys. Während der Empfängnis bereitet das Sperma des Vaters die Gebärmutter vor und hilft dem Geist des Kindes, sich in der künftigen Mutter niederzulassen. Dennoch gelten die übernatürlichen Kräfte in Bäumen, Felsen oder Wasserlöchern – nicht das Sperma – als Ursachen der Befruchtung. Ein Kind, das ohne unmittelbare Beteiligung eines Vaters zur Welt kommt, ist ein »Geistkind«, das man mitunter daran erkennt, daß es bereits Zähne besitzt. Manche Geistkinder werden zu Waddagudjaelwon (einem Geist, der die Geburt auslöst) geschickt, der sie wahllos an Kulababäume hängt. Sie ergreifen dann eine Schwangere, die unter dem Baum vorbeigeht. Ein Geistkind kann auch mit Hilfe eines Wurrawilberu in eine Frau gelangen. Die Ureinwohner glauben, daß die Wurrawilberu, die wir in anderem Zusammenhang bereits in der Geschichte von Bralga kennenlernten, einen Babygeist fangen, in einen Wirbelwind stecken und ihn zu der Frau schicken, in der sie sich inkarnieren wollen.[5]

Die Australiden glauben, daß ein Neugeborenes ein Kulabablatt im Mund hat, und eine alte Frau muß dieses Blatt aus dem Mund holen, damit das Kind nicht ins Geisterland, ins Reich der Ungeborenen, zurückkehrt.[6]

Manchmal wird das Blut enttäuschter Kindgeister, denen es nicht gelungen ist, eine Mutter zu finden, in die orangeroten Blüten des Mistelzweiges verwandelt. Die Geister von verstorbenen Babys oder Kindern kehren immer auf die ätherische Ebene zurück und dürfen sich entweder ihre ursprüngliche Mutter (sie wird Millanbu, »dieselbe«, genannt) oder eine andere Frau aussuchen.[7]

Nicht nur Kulababäume, an denen ungeborene Kinder hängen, sondern auch alle anderen Bäume spielen bei der Geburt eine wichtige Rolle. Eine gebärende Australidin hockt sich oft unter einen Baum und lehnt sich an den Stamm. Bei mehreren anderen Naturvölkern werden Frauen während des Geburtsvorganges an Bäume gebunden oder gedrückt. Die Kraft und der aufrechte Stamm des Baumes sollen die Frau unterstützen, während sie in die weiblichen Mysterien eingeweiht wird. Kein Mann, auch nicht der Vater, darf bei der Entbindung anwesend sein. Der Baum als Phallussymbol vertritt das universelle Männliche und den Animus, die männliche Energie in der Frau.[8] In den Augen der Ureinwohner drücken natürliche Formen wie Bäume Eigenschaften des universellen Männlichen oder des universellen Weiblichen aus. Der uralte Brauch, den Dingen in der Umwelt ein Geschlecht zuzuordnen, hat sich in der Grammatik vieler moderner Sprachen erhalten.

In diesem Mythos sind die Baumgeister wieder das Symbol des Männlichen. Diesmal werden sie herbeigerufen, um der Witwe Mudubangul beim Züchtigen ihrer Kinder zu helfen. Mudubangul merkt jedoch bald, daß es falsch war, mit Geistern zu drohen. In der traditionellen australiden Kultur werden Kinder bis zur Pubertät fast ausschließlich von den Frauen des Stammes erzogen. In anderen Bereichen der australiden Gesellschaftsordnung schätzt man männliche Qualitäten wie aggressives Beherrschen, Begrenzen und Strafen durchaus; aber in der Kindererziehung haben sie keinen Platz.

Nach K. Langloh Parker sind australide Mütter überaus vorsichtig, wenn sie Geister zu ihren Kindern rufen, und die ganze Kultur der Ureinwohner geht äußerst sorgsam mit der zarten Unschuld und dem zerbrechlichen Wesen der Kinder um. Die Frauen kümmern sich nicht nur ständig um die körperlichen Bedürfnisse ihrer Kinder, sondern achten auch auf Botschaften und Warnungen aus der übernatürlichen und spirituellen Welt. Die Australiden schreiben die unvorhersehbaren und oft spontanen Reaktionen der Kinder, die wir überall auf der Welt beobachten können, den Geistern zu, die sich immer in der Nähe von Kindern aufhalten.

Die Massage ist ein wichtiges Mittel, um die starke spirituelle Energie im Körper eines Kindes in Schach zu halten.

Wenn Kinder schlecht schlafen, reibt man ihnen den Schädel und die Stirn mit Pollen eines Nadelbuschbaums ein, um den lästigen Geist loszuwerden. Wenn Kleinkinder nachts wachliegen, wärmen die Mütter ihnen die Hände und reiben ihnen dann Gliedmaßen, Wirbelsäule und Gelenke. Das ruft einen harmonischen Energiestrom hervor und fördert somit die Geschmeidigkeit und Feingliedrigkeit der heranwachsenden Kinder. Wenn Kinder unruhig sind und unaufhörlich schreien, wohnen mächtige böse Geister in ihnen. Das Gegenmittel besteht darin, die Kleinen zu »räuchern«, indem man sie über brennende Budthazweige hält.

Wenn Kinder schlafen, kontrollieren Mütter ständig ihren Mund und achten darauf, daß er geschlossen bleibt und daß die Kinder durch die Nase atmen. Damit wollen sie böse Geister daran hindern, den Kindern Krankheiten oder negative Energie durch den winzigen Mund einzuflößen. Kleine Kinder dürfen auch nicht ohne Kopfbedeckung auf dem Rücken liegen. Wenn nachts ein Gilavogel über das Lager fliegt und einen Schrei ausstößt – was selten vorkommt – dreht man kleine Kinder auf die linke Seite, um schlimmen Folgen vorzubeugen. Fliegt die samtigschwarze Krähe nachts über das Lager, werden Kinder auf die rechte Seite gelegt. Beide Vögel sind keine Nachttiere, und daher ist ihre Anwesenheit ein Anzeichen für verdächtige Energie in Vogelgestalt.[9]

Moderne Frauen haben wenig oder keinen Sinn für die übernatürlichen oder spirituellen Aspekte der Kindererziehung. Statt dessen werden wir darauf konditioniert, Kinder nach dem Diktat der Umwelt und des Verstandes aufzuziehen. Kinder gelten nicht als sensitive Empfänger spiritueller Botschaften, sondern ihr Verhalten wird allein auf ihre Persönlichkeit zurückgeführt.

Die Wirrinunmutter und ihr Wirrinunsohn

Eine Mutter und ihr Sohn und die Frau ihres Sohnes waren auf Wanderschaft. Die Ehefrau fühlte sich nicht wohl, und der Sohn sagte: »Ihr beide geht hinüber zum Bach zu diesem alten Jaran (weißer Gummibaum). Ich sehe mich um und suche nach Opossums und Honig. Dann komme ich zu euch, wenn ihr Feuer gemacht habt.«
Er machte sich auf den Weg. Seine Mutter und seine Frau gingen zu dem Platz, den er genannt hatte. Ab und zu machten sie halt, um Yams auszugraben, und schließlich hatten sie eine ganze Menge.
Die junge Frau war müde und freute sich, als sie den Jaran erreichten. Doch obwohl sie müde war, half sie ihrer Schwiegermutter, ein Loch zu graben, darin Feuer zu machen und einige Steine ins Feuer zu legen. Als die Steine heiß und das Feuer niedergebrannt waren, legten sie Blätter und Gras auf die Steine, dann die Yams und darauf wieder Gras. Dann besprengten sie die Yams mit Wasser, bedeckten sie noch einmal mit Gras und mit einer dicken Lehmschicht und ließen sie backen. Während die Yams backten, bauten die beiden einen Unterschlupf aus Ästen, und die alte Frau sagte zur jungen: »Du bist müde. Leg dich hier in den Schatten, und ich kämme dir das Haar. Das vertreibt die Kopfschmerzen, und du kannst schlafen.«
Die junge Frau legte sich hin, und die alte setzte sich neben sie und kämmte ihr Haar. Bald schlief die junge Frau ein.

Die alte Frau sah, daß sie ruhig atmete, und wollte sich vergewissern, daß sie wirklich schlief. Sie berührte ihre Augen, und sie atmete ruhig. Sie berührte ihren Mund, und sie atmete immer noch ruhig. Dann berührte sie ihre Nase, und wieder atmete sie ruhig. Nun war sie sicher, daß die junge Frau fest schlief.

Die Alte packte die junge Frau an den Handgelenken, grub ihre Vorderzähne in die Mitte ihres Gesichts und biß ein Stück ab.

Die junge Frau erwachte vor Schreck und schrie laut, aber die Alte hielt sie fest.

Das ungestillte Blut floß weiter, und die junge Frau starb. Die Alte trug sie zum Bach, wo ihr Minga (Geisterbaum) stand. Sie war nämlich eine Wirrinun, eine Hexe.

Inzwischen hatte der Mann, ebenfalls ein Wirrinun, das Gefühl, daß seine Frau in Gefahr war. Er gab sich mit den Opossums und dem Honig zufrieden, die er bereits gesammelt hatte, und eilte zum vereinbarten Treffpunkt. Er war sicher, daß seiner Frau Unheil widerfuhr.

Als er näherkam, sah er den Unterschlupf aus Ästen. »Ah!« sagte er. »Es ist alles in Ordnung.«

Doch als er dort war, sah er keine der beiden Frauen. Er sah nur den Platz, wo sie Yams gebacken hatten. Er legte seine Beute ab und schaute sich um.

Er bemerkte eine Kolonne von kleinen schwarzen Ameisen, die zum Unterschlupf liefen. Als er hineinblickte, sah er Blut. Er folgte der Blutspur bis in die Nähe des Mingas. Dann hörte er die Stimme seiner Mutter, erst lachend, dann singend. Sie jubelte über das gute Fleisch, das sie, wie sie glaubte, sicher in ihrem hohlen Minga verwahrt hatte. Der Sohn ergrimmte, als er hörte, wie sie über ihr Opfer lachte, seine junge Frau, die er so sehr liebte und die bald die

Mutter seines Sohnes hätte werden sollen. Er ging zurück ins Gebüsch, sammelte Kiefernrinde und Zweige und trug alles zum Minga, neben dem ein Loch war. Er kroch in das Loch und zündete dann die Rinde und die Zweige an.

Seine Mutter hörte das Prasseln des Feuers unter dem Baum. »Mein Sohn«, rief sie, »deine Mutter ist hier. Deine eigene Mutter. Mach das Feuer aus!«

»Ich mache es nicht aus. Was hat meine Mutter mit meiner jungen Frau gemacht? Und was tut sie jetzt mit ihr?«

»Aber, mein Sohn – ich bin deine Mutter. Du mußt für deine Mutter sorgen und sie vor dem Verbrennen bewahren!«

Die Kiefernrinde krackte und krachte, und bald stand der Minga in Flammen.

»Meine junge Frau ist mir wichtiger. Wo ist sie? Kannst du mir meine junge Frau zurückgeben, die bald die Mutter meines Sohnes sein sollte? Nein, das kannst du nicht, darum brenne, brenne!«

Er schürte das Feuer, bis es heller loderte und wieder prasselte.

»Aber, mein Sohn, ich weiß, daß dies ein Minga ist. Es wird dir schlecht ergehen, wenn du einen Minga verletzt oder auch nur berührst. Die Geister werden dich bestimmt töten. Lösch das Feuer, bevor es zu spät ist.«

»Mir wird nichts geschehen. Nur auf einem Gumar (einem von Geistern bewohnten Stein) wärst du sicher vor meiner Rache. Denn ich bin ebenfalls ein Wirrinun, auch wenn du es nicht weißt, und zwar ein größerer als du. Mir wird nichts geschehen, nur dir. Du hast meine junge Frau umgebracht. Sie hätte die Mutter meines Sohnes werden sollen. Du hast ihr Fleisch gegessen, das Fleisch der Frau, die dein Sohn liebte. Brenne, brenne, brenne!«

Er sang laut ein Wirrinunlied. Die Flammen züngelten am

Baum empor und hüllten die Mutter und die Überreste der jungen Frau ein, so daß beide zusammen verbrannten. Dann machte der Mann sich auf seinen einsamen Weg. Er spürte Trauer in seiner Brust, weil er seine junge Frau verloren hatte, und er freute sich darüber, daß er ein größerer Wirrinun war als seine Mutter und den Tod seiner Frau hatte rächen können.

Erläuterungen

Im Alter zwischen elf und dreizehn Jahren beginnt für einen australiden Jungen eine Reihe von Initiationen, die ihn »zu einem Mann machen«, wie die Ureinwohner sagen. Diese Pubertätsinitiationen, deren erste oft die Beschneidung einschließt, symbolisieren den ewigen Prozeß des Todes und der Wiedergeburt, der notwendig ist, damit der Mensch eine Lebensphase abschließen und in eine neue eintreten kann. Ein wichtiger Teil dieser Pubertätsriten für Jungen ist der Wandel im Verhältnis zur Mutter. Aus großer Zuneigung und Intimität wird formelle Zurückhaltung und Distanz. Diese Initiationen dienen einem doppelten Zweck: Sie durchtrennen ein potentiell inzestuöses Band zwischen dem Jungen und seiner Mutter, das ihn eines Tages daran hindern könnte, eine reife sexuelle Beziehung mit anderen Frauen einzugehen, und sie befreien die fürsorgliche Mutter von einer anstrengenden Aufgabe in ihrem Leben. Die Durchtrennung des Bandes zwischen Mutter und Sohn ermöglicht es dem Jungen außerdem, in die Welt der Männer und deren Initiationen einzutreten, wo die Abhängigkeit von der Mutter durch eine reife Verbindung mit dem universellen Weiblichen, der »Mutter Erde«, der neuen Führerin und Ernährerin, abgelöst wird. Die primäre Beziehung zwischen Kind und Eltern wird in eine sehr enge Beziehung zwischen dem Mann als Jäger und der ganzen natürlichen Welt transformiert. K. Langloh Parker schreibt über die Tiefe der Kommunikation zwischen dem Jäger und der wilden Kreatur: »Sie sagen, ein voll initiierter Mann kann einen Zauberspruch singen, der ein Piggiebilla veranlaßt, seinen Griff zu lockern, so daß er es mühelos erlegen kann.«[1]

Am Anfang dieses Mythos geht der junge Mann auf die Jagd. Das bedeutet, er hat seine Fähigkeit als Jäger entwickelt und kann mit der natürlichen Welt kommunizieren. Sein Initiation ist jedoch nicht vollendet, weil er im Widerspruch zu den Verwandtschaftsregeln zu lange eine enge Bindung an die Mutter beibehalten hat. Sein grober Fehler besteht in dieser Geschichte darin, daß er, wie die Ureinwohner sagen, »im Schatten der Mutter geblieben« ist. Die grausige Folge des Verstoßes gegen ein kulturelles Gesetz sind der Tod der jungen Frau, die verlorene Chance, ein Kind zu zeugen, und der Feuertod der mörderischen, verzehrenden Mutter.

In unserer Kultur wählte Freud den Mythos von Ödipus als Symbol für das Schlachtfeld der inzestuösen Triebe sowie der psychischen Verflechtungen in der Mutter-Sohn-Beziehung. Viele halten dieses persönliche psychologische Phänomen für eine chronische, unterschwellige Krankheit unserer gesamten Zivilisation. In seinem epischen Film *Best Intentions* erforscht der große schwedische Regisseur Ingmar Bergman das Thema des Inzests zwischen Mutter und Sohn, Vater und Tochter, Mutter und Tochter, Vater und Sohn sowie Schwester und Bruder in der europäischen Gesellschaft. Als Folge der christlichen Attacke gegen die alten Überlieferungen ging die wahre Grundlage der initiatorischen Kultur verloren. Dazu gehörte auch die Übermittlung geheimen Wissens und geheimer Gesetze durch bestimmte Entwicklungsphasen des Lebens und des Bewußtseins. Vor dem Christentum lösten diese Kulturen die Bindung eines Heranwachsenden an seine Kernfamilie und machten ihm bewußt, daß er mit der ganzen natürlichen Welt und mit seinen viel zahlreicheren Verwandten verbunden war. Die europäische Gesellschaft sorgt nicht durch eine solche kulturelle Übertragung von Generation zu Generation für Kontinuität und Ordnung, sondern durch die komplexen Muster des Inzests (fixierte, unbewußt »geladene« Beziehungen in der Familie) und durch Vererbung von Besitz und Eigentum. Die Australiden stellen durch zeremonielle Darstellungen und gesellschaftliche Einschränkungen sicher, daß potentielle Inzestmuster in eine intime Verbindung mit der Natur und dem metaphysischen Gesetz transformiert werden. Sie glauben, daß das Individuum den Tod der Beziehungen zwischen Kind und Eltern sowie zwischen Geschwistern erdulden muß, weil es sonst keinen anderen Übergang und keine Trennung im Leben – auch nicht den eigenen Tod – mit einer klaren spirituellen Einstellung und tiefer Einsicht bewältigen kann.

Daß dieser Mythos die wichtige Zubereitung der Yams so genau beschreibt, ist ein Beispiel für praktische Anweisungen, die in eine symbolische Erzählung verwoben sind. Im traditionellen Leben übernehmen die Frauen das Kochen. Wenn die alte Frau bei dieser Gelegenheit die Stelle der jungen einnimmt, so können wir dies als Zeichen dafür deuten, daß sie die junge Frau unbedingt verdrängen will. Die Alte beschließt, die junge Frau zu kämmen und dadurch einzuschläfern – eine Handlung, die auf der übernatürlichen Ebene von großer Bedeutung ist. Für die Australiden ist das Haar ein hervorragender Übermittler subtiler

Energien, die man zum Heilen und Zaubern benutzen kann. Die Ureinwohner glauben, daß ein Mensch sterben muß, wenn eine Locke von seinem Haar in die Hände eines Wirrinuns oder bösen Zauberers fällt.

Das Muster, das sich nun zu entfalten beginnt, zeigt eine alte Mutter, die der jungen Frau ihres Sohnes Energie stiehlt und die Liebe absorbiert, die ihr Sohn seiner Frau schenkt. Dieser Vampirismus verlagert sich plötzlich von der übernatürlichen auf die materielle Ebene. Die drei Strategien der alten Mutter, welche die Atmung der jungen Frau prüft, symbolisieren die drei »Tore der Wahrnehmung«, das heißt, eine Progression von den äußersten Sinnesorganen, den Augen, zum Mund und zur Nase. Die Nase ist in allen esoterischen Überlieferungen der empfindlichste Sensor; sie befördert Informationen direkt zum limbischen System oder ins Innere des Gehirns. Als die Alte schließlich davon überzeugt ist, daß die junge Frau fest schläft, beißt sie ihr mit den vorderen Zähnen in die Mitte des Gesichts, dringt also ins dritte Auge, das Zentrum des inneren Schauens, ein. Jetzt gibt es für die junge Frau keine Hoffnung mehr; nichts kann die dunkle, destruktive Mutter mehr daran hindern, sie zu verzehren.

Diese dunkle Mutter erinnert auf der kosmischen Ebene an die Hindugöttin Kali, die »Fruchtbarkeit und Zeit symbolisiert ... die gegensätzlichen Kräfte der Schöpfung und der Zerstörung«.[2] In dieser Geschichte hört der junge Mann seine Mutter lachen. So lacht auch die Göttin Kali, wenn sie den Leichnam verzehrt, auf dem sie steht. Sie zeigt drohend die Zähne und ruft eine furchterregende Vision hervor: ihre »Herrschaft über alles, was existiert«. Doch in dieser Zerstörung liegt Hoffnung und Freude.[3] Wenn alles vernichtet und das unumkehrbare Fortschreiten der Zeit oder der

Zyklen beendet ist, wird die wahre Natur der dunklen, verzehrenden Mutter enthüllt: Sie ist die Macht, die einen beendeten Zyklus beseitigt, so daß eine neue Geburt und eine neue Schöpfung möglich werden.

Der Archetypus der Kali als Schöpferin und Zerstörerin allen Lebens spiegelt sich in dem überaus heiligen australiden Ritual wider, bei dem ein Teil des Fleisches eines Toten verzehrt wird. Nach der Überlieferung verleiht nichts soviel körperliche und seelische Kraft wie diese uralte Zeremonie. Ein ähnliches Ritual beschreibt K. Langlok Parker: »Bevor man einen Leichnam in einen Fellsarg legte, fügte man ihm einige Einschnitte zu. Vor der Bestattung stellte man den Sarg aufrecht, und die Trauernden tranken die Flüssigkeit, die aus den Einschnitten in kleine Wirris (Trinkgefäße) lief.«[4]

Unser Wort für dieses Ritual ist »Kannibalismus«. Wenn wir es hören, denken wir schaudernd an »Wilde«, die Stücke aus anderen Menschen reißen, um sich davon zu ernähren. Für die Ureinwohner hat dieser Vorgang eine übernatürliche, psychologische und physische Bedeutung, die mit weißer und schwarzer Magie zusammenhängt. Die australide Kultur, die älteste aller Kulturen, hilft uns, das »kannibalische« Ritual, das im Laufe der Zeitalter in viele Religionen Eingang gefunden hat, besser zu verstehen. Die Australiden glaubten, daß die Lebenden aus den transformierenden Säften oder Essenzen der kürzlich Verstorbenen spirituelle Kraft schöpfen können. Umgekehrt konnten die Toten auf diese Weise durch ihre Angehörigen ihre Lebenskraft weitergeben und sie dadurch verewigen. In den dionysischen Riten wollten die Teilnehmer einen spirituellen Zustand der Göttlichkeit erreichen, indem sie das Fleisch des Gottes verzehrten. Und die »Mysterienreligionen der frühchristlichen Ära drehten sich um ein pseudo-kannibalistisches Sakrament, das den Verehrenden mit dem Verehrten vereinigte«.[5] In vielen alten Kulturen, zum Beispiel in der ägyptischen, mexikanischen und aztekischen, symbolisierte der rituelle Kannibalismus die Wiedergeburt; in anderen sollte er die Bande der Verwandtschaft stärken und den Frauen zu einer leichteren Empfängnis verhelfen.[6] Sowohl der Mingabaum, in dem die alte Mutter Zuflucht sucht, wie auch der von Geistern heimgesuchte Gumarstein, der am Ende der Geschichte erwähnt wird, spielen in der Kultur der Ureinwohner wichtige Rollen. K. Langloh Parker meint, ein Christus zugeschriebener Ausspruch erinnere sie an diese beiden heiligen Attribute: »Hebe den Stein, und dort wirst du mich finden. Spalte das Holz, und dort bin ich.«[7] Ein Minga ist ein von Geistern bewohnter Baum, in dem ein Wirrinun in Zeiten der Gefahr Zuflucht sucht und zu dem er eine komplexe und heilige Beziehung hat. Die Fähigkeit des Wirrinun, zu heilen und zu zaubern, hängt oft vom Zustand des Mingas ab. Die Bindung der Wirrinuns an ihren heiligen Baum oder Stein war so eng, daß sie krank wurden und manchmal sogar starben, wenn dem Baum oder Stein etwas zustieß. Wenn ein Mensch in Gefahr ist und den Schutz eines Mingabaumes sucht, muß er auf den Zorn der Baumgeister vorbereitet sein; denn sowohl der Minga als auch der Gumar, der heilige Stein, sind für alle außer ihren Wirrinuns tabu.[8] Nur Wirrinuns, die in die höchsten Mysterien eingeweiht sind, haben einen Gumar, und im Gegensatz zu den Mingas sind diese Steine für alle anderen undurchdringlich.[9]

Das Feuer symbolisiert oft das transformatorische Element in den australiden Geschichten. Für den Sohn ist es der Erzeuger eines neuen Lebens. Am Ende der Erzählung ist er im Innersten seines Herzens bekümmert, aber frei von der Unterdrückung durch die Mutter. Unschuld und Reinheit wurden in Gestalt der jungen Frau geopfert. Das bedeutet, daß der junge Mann seine nachgiebige, feinfühlige innere Weiblichkeit entdeckt und schätzen gelernt hat. Seine Mutter, das Symbol der negativen Aspekte des Weiblichen, wird ebenfalls seiner Männlichkeit geopfert, damit er sich mit den rauhen Tiefen des dunklen Weiblichen erfolgreich auseinandersetzen kann.

Einige Motive dieser machtvollen australiden Geschichte finden wir auch in anderen Kulturen, und in der modernen Psychologie gibt es ebenfalls Parallelen. Das Gefühl der grenzenlosen Liebe und Selbstverleugnung, das ein kleiner Junge in der Umarmung seiner Mutter verspürt, wird zur Liebe, die er als reifer Mann sucht, sei es in romantischen, sei es in erotischen oder spirituellen Erlebnissen. Die junge Frau oder Liebende symbolisiert die äußere Form dieser anfänglichen mütterlichen Wärme und Gefühlstiefe, die durch die Initiation des Mannes in sexuelle Beziehungen und Kreativität transformiert werden. In diesem Fall scheitert die reife Beziehung des jungen Wirrinun zum Weiblichen, weil er immer noch an seine Mutter gebunden ist. Das symbolisiert die Ermordung seiner geliebten Frau. Heute bringt die gleiche anhaltende Mutter-Sohn-Bindung eine Gesellschaft hervor, in der die Sexualität zwischen Männern und Frauen aufgehört hat, ein Tor zur Spiritualität zu sein; die erotische Tiefe und das Ritual sind verlorengegangen, und die Männer, die Angst vor ihrer unbewußten inzestuösen Bindung an die Mutter haben, richten ihre Schuldgefühle und ihre Wut gegen das Weibliche im allgemeinen. Oft erstarrt die Sexualität der Mutter unter der Last ihrer unbewußten Bindung an den Sohn, und sie projiziert ihre Wünsche weiter auf den Sohn und seine Geliebten.

In diesem Mythos ist nicht nur die alte Wirrinunmutter einer inzestuösen Bindung schuldig, sondern auch der junge Mann, der immer noch wie ein Kind von der mütterlichen Quelle trinkt. Die unbefriedigte, gefühllose Mutter symbolisiert die höchste Leere, in der alles Leben unweigerlich vom Schoß der dunklen Erde verschlungen wird. Was die Natur hervorbringt, muß sie wieder zurücknehmen. Der junge, initiierte Jäger erhascht einen Blick auf diese ewige Wahrheit, als er Zeuge des Mordes an seiner Frau und des Feuertodes seiner Mutter wird. Symbolisch gesehen hat er erkannt, daß nichts der Zerstörung durch die endlosen Zyklen der Zeit entgeht.

Die Rotkehlchen

Gwainibu und Gumai, die Wasser-
ratte, waren eines Tages unten am
Bach und suchten Muscheln zum Essen, als zu ihrer Überraschung ein Känguruh neben ihnen ins Wasser hüpfte.
Sie wußten, daß es vor Jägern weglief,
die wahrscheinlich ganz in der Nähe
waren. Darum griff Gwainibu rasch
nach ihrem Yamsstock und schlug
ihn dem Känguruh auf den Kopf. Es hatte sich
im Gras verfangen und konnte nicht entkommen.
Als die beiden alten Frauen das Känguruh getötet hatten,
verbargen sie seinen Körper im Gras des Baches, für den
Fall, daß die Jäger kommen und ihn herausfordern würden.
Der kleine Sohn von Gwainibu schaute ihnen vom Ufer aus
zu.
Nachdem sie das Känguruh versteckt hatten, sammelten
die Frauen ihre Muscheln ein und machten sich auf den
Weg in ihr Lager. Da kamen Uja und Gidgerigar, die Jäger,
die der Fährte des Känguruhs bis zum Bach gefolgt waren.
Als sie die Frauen sahen, fragten sie: »Habt ihr ein Kängu-
ruh gesehen?«
»Nein, wir haben keines gesehen«, antworteten die Frauen.
»Das ist sonderbar. Die Fährte führt nämlich genau hier-
her.«
»Wir haben kein Känguruh gesehen. Seht, wir haben nach
Muscheln gegraben, um sie zu essen. Kommt mit in unser
Lager, und wir geben euch ein paar, wenn sie gekocht
sind.«

Die verdutzten jungen Männer folgten den Frauen ins Lager, und als die Muscheln gar waren, nahmen die Jäger am Mahl teil.

Der kleine Junge wollte die Muscheln nicht essen. Er weinte und sagte immer wieder zu seiner Mutter: »Gwainibu, Gwainibu, ich will Känguruh. Ich will Känguruh, Gwainibu, Gwainibu.«

»Aha«, sagte Uja. »Dein Kleiner hat das Känguruh gesehen und möchte davon essen. Es muß hier irgendwo sein.«

»O nein«, sagte die alte Gwainibu, »er weint immer, wenn er etwas haben will. Manchmal ist es ein Känguruh. Er ist nur ein kleiner Junge und weiß nicht, was er will.«

Gumai war so wütend auf den kleinen Gwainibu, der immer wieder nach Känguruhfleisch verlangte und dadurch die jungen Männer mißtrauisch machte, daß sie ihm hart auf den Mund schlug, um ihn zum Schweigen zu bringen. Er blutete, und die Tropfen liefen ihm auf die Brust hinab und färbten sie rot. Als die alte Gwainibu das sah, wurde sie ebenfalls zornig und schlug Gumai, die gleich zurückschlug. Und so begann ein Streit, mehr Worte als Schläge, und der Lärm war groß. Die beiden Frauen zankten, und der kleine Gwainibu weinte, ohne genau zu wissen, ob er weinte, weil Gumai ihn geschlagen hatte, oder weil seine Mutter stritt oder weil er immer noch Känguruhfleisch wollte.

Uja sagte zu Gidgerigar: »Sie haben das Känguruh irgendwo versteckt. Komm, wir schleichen uns weg, während sie sich zanken. Wir verstecken uns nur eine Weile und überraschen sie dann.«

Leise gingen sie fort, und kaum hatten die beiden Frauen bemerkt, daß sie weg waren, hörten sie auf zu streiten und beschlossen, das Känguruh zu kochen. Sie beobachteten die jungen Männer, bis sie außer Sicht waren, und warteten dann noch einige Zeit, um sicher zu sein. Dann eilten sie hinunter zum Känguruh. Sie zogen es heraus und hatten eben ein großes Feuer gemacht, um das Tier zu kochen, als Uja und Gidgerigar kamen und sagten: »Aha! Das haben wir uns gedacht. Ihr habt unser Känguruh. Der kleine Gwainibu hatte recht.«

»Aber wir haben es getötet«, sagten die Frauen.

»Wir haben es hierher gejagt«, erwiderten die Männer, packten das Känguruh und zogen es ein Stück weg. Dann machten sie ein Feuer und kochten es.

Gumai, Gwainibu und der kleine Junge gingen zu Uja und Gidgerigar und baten um etwas Fleisch, aber die jungen Männer wollten ihnen nichts geben, obwohl der kleine Gwainibu bitterlich weinte. Doch sie wollten den Teil, den sie nicht essen konnten, lieber den Habichten überlassen, als ihn den Frauen oder dem Kind zu geben.

Schließlich merkten die Frauen, daß sie kein Fleisch bekommen würden, und gingen weg. Sie bauten einen großen Unterschlupf aus Dardurr (Fellen) und gingen mit dem kleinen Jungen hinein. Dann begannen sie ein Lied zu singen, das einen Sturm entfachen und ihre Feinde vernichten sollte, denn nun betrachteten sie Uja und Gidgerigar als Feinde. Darum sangen sie eine Weile:

> *Muhara, Mugarai, Mai Mai*
> *Ihu, Ihu, Dungara.*

Das bedeutet:

> *Hagelkörner, Hagelkörner, Wind, Wind.*
> *Regen, Regen, Blitz.*

Zuerst sangen sie sehr langsam und leise, dann allmählich schneller und lauter, bis sie beinahe kreischten.

Während sie sangen, hörte der kleine Gwainibu nicht auf zu weinen und wollte sich nicht trösten lassen. Bald fielen ein paar große Regentropfen, dann kam ein starker Wind, und als dieser sich gelegt hatte, regnete es heftiger. Dann kamen Donner und Blitz, die Luft wurde bitterkalt, und ein gnadenloser Hagelsturm setzte ein. Hagelkörner größer als Enteneier fielen vom Himmel, rissen Blätter von den Bäumen und verletzten die Rinde. Gidgerigar und Uja liefen zum Unterschlupf und baten die Frauen, sie einzulassen.

»Nein«, überschrie Gwainibu den Sturm, »ihr habt uns kein Känguruhfleisch gegeben, und wir geben euch keinen Schutz. Geht doch zu den Habichten, die ihr gefüttert habt.« Die Männer baten erneut um Einlaß. Sie versprachen, für die Frauen noch einmal auf die Jagd zu gehen und ihnen nicht nur ein Känguruh zu bringen, sondern viele.

»Nein!« kreischten die Frauen wieder. »Ihr habt nicht einmal auf das Weinen eines kleinen Kindes gehört. Es ist besser, wenn Leute wie ihr sterben.«

Der Sturm wütete immer grimmiger, und die Frauen sangen immer lauter:

Muhara, Mugarai, Mai Mai
Ihu, Ihu, Dungara.

Der Sturm tobte so lange und so heftig, daß die jungen Männer umgekommen wären, wenn sie sich nicht in Vögel verwandelt hätten. Zuerst wurden sie Vögel, dann Sterne am Himmel. Dort sind Gidgerigar und Uja immer noch, und das Känguruh ist zwischen ihnen, und alle tragen noch die Namen, die sie auf der Erde getragen haben.

Für die australischen Ureinwohner ist es eine kulturelle Leistung, aus dem reichlichen Angebot an natürlichen und übernatürlichen Energien diejenigen auszuwählen, welche die kollektive Ordnung fördern und erhalten, und gleichzeitig jene abzulehnen oder dem Ritual vorzubehalten, die Unruhe stiften. Diese Geschichte von den Rotkehlchen untersucht die Folgen vertrauter menschlicher Reaktionen und Interaktionen, die nach Auffassung der Australiden im täglichen Leben sorgfältig eingeschränkt oder verboten werden müssen. Die gesellschaftlichen Normen der Australiden orientieren sich an Verhaltensregeln, die unerwünschte Reaktionen hemmen und transformieren. Ein Beispiel für Reaktionen dieser Art ist der Wunsch nach individueller Erfüllung, der zunächst Gwainibu und Gumai antreibt, die die Beute der Jäger töten und die Männer dann belügen, um das Fleisch selbst verspeisen zu können. Diese Gier fällt auf sie selbst zurück, als Uja und Gidgerigar ihre Beute allein verschlingen, ohne für die beiden alten Frauen und den kleinen Jungen Mitleid zu empfinden.

Dieses Verhalten steht in schroffem Gegensatz zu den strengen Regeln, die das Teilen der Nahrung mit den Angehörigen vorschreiben. Diese Normen sind so strikt, daß ein Jäger, der seine Beute erlegt und gekocht hat, an seine Angehörigen verschiedene Teile des Tieres verteilt, und zwar nach Richtlinien, die in den Traumzeitgesetzen zu finden sind. Dem Jäger bleibt oft nur das letzte Stückchen – häufig die Eingeweide. Aber wenn seinem Neffen oder Schwiegersohn ein Fang gelingt, bekommt er ein gutes Stück des Tieres.[1] Der Prozeß des Gebens, des Nehmens und der Zugehörigkeit zu einer Gruppe wird in der australiden Gesellschaft gefördert, nicht jedoch die individuelle Leistung oder der Erwerb von Besitz. Diese Erziehung zum Teilen und Tauschen ist für das Leben der Ureinwohner ebenso fundamental wie Kaufen und Verkaufen für uns.

Der zweite wichtige gesellschaftliche Wert, um den diese Geschichte sich dreht, hat mit Kindesmißhandlung und der Macht der Erwachsenen über die Kinder zu tun. Die alte Gumai kann ihren Zorn auf den jungen Gwainibu, der weinend nach Känguruhfleisch verlangt, nicht im Zaum halten und schlägt ihn so hart ins Gesicht, daß er blutet. Ein derartiges Verhalten gegenüber Kindern ist in der traditionellen australiden Kultur ohne Einschränkung verboten. Selbst wenn ein Kind in einem Wutanfall Beleidigungen herausschreit oder unartig ist, gilt es als schwerer Charakterfehler, wenn Eltern oder andere Leute das Kind schlagen oder mit harten Worten züchtigen. Mächtige soziale Strukturen verhindern, daß das Temperament oder die Aktivität eines Kindes durch Verbote gezügelt wird. Die frühe Phase des Lebens ist für jedes Kind eine Zeit, in der es jeden Trieb, jede Emotion und jedes Gefühl frei ausdrücken soll.[2] Erst nach Beginn der Pubertät werden Kinder in Gesetze und Regeln eingeführt, die egoistische Bedürfnisse und Forderungen in Schranken halten. Dieser Übergang ist jedoch nicht schroff; denn die Kinder leben ja in einer Gesellschaft, in der alles geteilt wird und die den Zusammenhalt der Gruppe fördert.

Die Ureinwohner glauben, daß man die Unschuld eines Kindes nicht verletzen darf, weil der Geist des Kindes sonst den wachsenden Körper nicht vollständig übernehmen kann. Nach dem Tod dauert es bis zu drei Jahre, bis der Geist sich ganz vom Körper gelöst hat, und darum braucht er ähnlich lange, um sich im Körper eines kleinen Kindes niederzulassen. Da die Ureinwohner dafür sorgen, daß die

Kindheit eine Phase der Freude, Liebe und Zuneigung ist, entwickeln sich Selbstsicherheit und Selbstwertgefühl schon in jungen Jahren. Das kann man oft bei drei- bis vierjährigen Kindern beobachten, die allmählich begreifen, was das Ich ist, ihre Getrenntheit von der Mutter spüren und sich ihr Essen ganz alleine suchen. Ähnliche Regeln gelten bei den Amazonasindianern, die kleinen Kindern ebenfalls unbegrenzte Zuneigung und Freiheit zubilligen.[3] Es gibt Beweise dafür, daß uneingeschränkte, sanfte Liebe bei Kindern zu außergewöhnlicher Harmonie, Selbstsicherheit und Unabhängigkeit führt. Als ich einmal das Volk der Tiwi auf einer fernen Insel vor der australischen Nordküste besuchte, sah ich voller Freude einer Gruppe von Kindern zu, die sich mit anmutigen Bewegungen auf eine Schaummatte warfen. Ihre verdrehten, gekrümmten Körper schienen unmögliche Formen anzunehmen. Es gab keine ängstlichen, strengen Erwachsenen, die sie beaufsichtigt hätten, und das fröhliche Lachen und Spielen dauerte bis zum anderen Morgen, ohne Verletzungen, ohne Streit und ohne Störung.

Der dritte gesellschaftliche Wert, auf den die Geschichte anspielt, betrifft die Konflikte zwischen Männern und Frauen. Die Männer nutzen ihre körperliche Überlegenheit aus. Doch die Frauen verfügen über okkulte Kräfte, die der Kraft und Bestimmtheit der Männer überlegen sind. In der australiden Kultur wird das Ungleichgewicht, das die Körperkraft und Tapferkeit des Mannes verursacht, durch einen Erziehungsprozeß ausgeglichen, in dessen Verlauf der männlichen Psyche zwei unbestreitbare Gesetze eingeimpft werden: daß jedes menschliche Wesen im Schoß einer Frau gewachsen und aus ihm hervorgegangen ist und daß der Körper nach dem Tod in den Schoß der Mutter Erde zurückkehrt. Diese beiden simplen biologischen Tatsachen sind symbolische Imperative für den Mann; sie weisen ihm seinen Platz im universellen Plan zu und erwecken in ihm einen dauerhaften Respekt für die Quelle allen Lebens einschließlich seines eigenen.

In diesem Mythos haben die beiden Männer sich bereits einer Initiation unterzogen, da sie Jäger sind. Doch ihre Weigerung, das Känguruh (das ja die Frauen getötet hatten) mit anderen zu teilen, verrät einen Mangel an Achtung vor dem Weiblichen und ein naives Unwissen über die Macht der archetypischen rächenden Frau. Da die Männer so unwissend sind, weihen die Frauen in dieser Geschichte – wie viele andere weibliche Gestalten im australiden Mythos – sie in die verborgene Macht des Weiblichen ein. Durch ihren unerbittlichen Gesang rufen sie Wind, Regen und Hagel zu Hilfe. Dies ist ein Beispiel für die scheinbar unbegrenzten Kräfte, die Frauen besitzen, weil sie als Gebärerinnen des Lebens mit den universellen Kräften der Natur eng verbunden sind. Sie vertrauen auf ihre Fähigkeit – nicht als Wirrinuns oder Hexen, sondern als Frauen –, mit der Welt der Naturgeister Kontakt aufzunehmen.

In der australiden Tradition sind Initiationen die Torpfosten, durch die Männer gehen, wenn sie das Gesetz der Mutter und die grenzenlose Dynamik der weiblichen Eigenschaften und Kräfte in der Natur verstehen lernen. Die amerikanischen Indianer und viele andere Naturvölker verehren das Weibliche als Schöpferin und Zerstörerin allen Lebens. Als ein Indianer gefragt wurde, warum Frauen die Stammeshäuptlinge wählen, sagte er: »Natürlich gehorchen die Männer den Frauen. Sie sind unsere Mütter.«[4]

Die engstirnige Idee, das Weibliche innerhalb des schmalen Rahmens der patriarchalischen Weltanschauung zu befreien, verliert immer mehr an Bedeutung. Die Fähigkeit der Frau, mit den übernatürlichen Kräften der materiellen Welt Verbindung aufzunehmen, kann ein Wegweiser für die moderne feministische Bewegung sein. Der Ökofeminismus und das Erstarken der Göttin-Bewegung bedeuten in mancher Hinsicht die Anerkennung der Natur und des Okkulten als die wahren Quellen der spirituellen Macht des Weiblichen. Angesichts der sich ständig verschlimmernden Umweltzerstörung können Frauen nicht mehr das Ziel verfolgen, sich vom männlich dominierten System absorbieren zu lassen. Sie müssen vielmehr ein positives Modell des Weiblichen entdecken, anstatt nach Vergeltung für die Wunden und die Unterdrückung in der Vergangenheit zu streben. In der Geschichte der Australiden und anderer Ureinwohner finden wir ein Gesellschaftssystem und eine psychologische und ethische Struktur, in der das Weibliche und die Erde eine überragende Bedeutung haben.

Die Bachstelze und
der Regenbogen

Diririri war eine Witwe, die mit
ihren vier kleinen Töchtern allein in einem
Lager lebte.

Eines Tages kam Bibbi und errichtete ihr
Lager ganz in der Nähe. Diririri fürchtete
sich vor ihm so sehr, daß sie nicht schlafen
konnte. Die ganze Nacht beobachtete sie
sein Lager, und wenn sie ein Geräusch hör-
te, rief sie laut: »Diririri, wja, wja, Diririri.« Manchmal rief
sie das fast die ganze Nacht hindurch.

Am Morgen kam Bibbi in ihr Lager und fragte sie, warum
sie denn die ganze Nacht so geschrien habe. Sie sagte, sie
habe jemand umhergehen hören und habe Angst bekommen, weil sie mit ihren vier Töchterchen allein lebe.

Er sagte, sie brauche sich mit all den Kindern in ihrer Nähe
nicht zu fürchten. Trotzdem blieb sie jede Nacht wach und
rief »Wja, wja, Diririri, Diririri.«

Schließlich sagte Bibbi: »Wenn du so große Angst hast, heirate mich und wohne bei mir. Ich kümmere mich um dich.«
Doch Diririri sagte, sie wolle nicht heiraten. Darum war
jede Nacht ihr klagender Ruf zu hören: »Wja, wja, Diririri,
Diririri.« Und immer wieder drängte Bibbi sie, ihn zu heiraten und in seinem Lager zu leben.

Aber sie wies ihn immer ab. Und je häufiger sie sich wei-
gerte, desto stärker wurde sein Wunsch, sie zu heiraten. Er
überlegte hin und her, wie er sie dazu bewegen könnte, ihre
Meinung zu ändern.

Eines Tages beschloß er, sie so zu überraschen, daß sie ein-

143

willigen mußte. Er ging an die Arbeit und machte einen schönen, bunten Bogen, den er, als er fertig war, Juluwirri nannte. Und er zog ihn quer über den Himmel, so daß er von einer Seite der Erde bis zur anderen reichte.

Als der Regenbogen wie eine Straße von der Erde zu den Sternen fest am Himmel verankert war und in seinen vielen Farben strahlte, ging Bibbi in sein Lager und wartete.

Als Diririri hinauf zum Himmel schaute und den wunderbaren Regenbogen sah, dachte sie, etwas Schreckliches werde geschehen. Sie fürchtete sich sehr und rief laut: »Wja, wja!« In ihrer Angst sammelte sie ihre Kinder um sich und floh mit ihnen zu Bibbis Lager, um Schutz zu suchen.

Stolz erklärte Bibbi ihr, daß er den Regenbogen gemacht habe, nur um ihr zu zeigen, wie stark er sei und wie sicher sie wäre, wenn sie ihn heirate. Wenn sie sich aber weigere, werde sie bald furchtbare Dinge sehen, die er machen werde – nicht nur einen harmlosen und schönen Regenbogen am Himmel, sondern Dinge, die aus der Erde hervorbrechen und sie zerstören würden.

Sie hatte nun Angst vor seiner Macht und bewunderte gleichzeitig seine Geschicklichkeit. Indem Bibbi ihre gemischten Gefühle ausnutzte, setzte er seinen Willen durch: Diririri heiratete ihn. Und als sie viele Jahre später starben, wurde Diririri in eine kleine Bachstelze verwandelt, die man in stillen Sommernächten hören kann, wenn sie ihr Klagelied singt: »Diririri, wja, wja, Diririri.«

Und Bibbi wurde in einen Specht verwandelt, der immer an Bäumen hinaufrennt, als wolle er noch einen Weg zum Himmel bauen, neben seinem berühmten Juluwirri, dem Bauwerk, mit dem er seine Frau gewonnen hatte.

Die Bachstelze ist ein kleiner schwarzer Vogel mit fächerförmigem Schwanz, deren außergewöhnlich temperamentvoller, lieblicher Ruf in weiten Gebieten Australiens zu hören ist und sie zu einem der beliebtesten Singvögel des Landes macht.

Die schnell fliegende Bachstelze lebt meist in Paaren oder Gruppen. In diesem Mythos lehnt Diririri, die Bachstelze, es untypischerweise ab, mit einem Gefährten zusammenzuleben, und umgibt sich statt dessen mit vier Töchtern. Wieder haben wir es mit einer Traumzeitsituation zu tun, die für australische Ureinwohner unannehmbar ist: Eine Frau lebt allein und sorgt für sich selbst und ihre Kinder. Das Verwandtschaftssystem der Australiden erlaubt Männern und Frauen jeden Alters sexuelle und familiäre Beziehungen, weil diese als natürliches Recht gelten. Niemals wird eine Frau gezwungen, allein zu leben und ihre Kinder ohne die Unterstützung und Gemeinschaft anderer Männer, Frauen und Kinder aufwachsen zu lassen. Warum quält Diririri sich selbst mit Einsamkeit und Furcht und lehnt Bibbis Anträge ab?

Vielleicht finden wir die Antwort auf diese Frage in dem symbolisch bemerkenswerten Regenbogen, den Bibbi macht – eine bunte Straße, die Erde und Himmel vereinigt. Der Regenbogen in dieser Geschichte hat zwar nichts mit der Regenbogenschlange zu tun, die man bei vielen australiden Stämmen findet; aber beide Symbole stehen für eine energiegeladene, dynamische Ehe zwischen den primären Polaritäten der Schöpfung: dem Greifbaren und dem Ungreifbaren, dem Männlichen und dem Weiblichen, dem Himmel und der Erde. Wir können den Regenbogen als Metapher für diese Hochzeit der Gegensätze betrachten;

denn ihn formen zahllose unsichtbare, eiförmige Tröpf-
chen aus den schwellenden Bäuchen der Wolken, und die
phallischen Strahlen der Sonne dringen in sie ein. Aus dieser direkten Vereinigung von Feuer und Wasser macht das
reflektierte Licht einen vollkommenen kreisförmigen Bogen, in dem das gesamte Potential der Welt der Formen und
Farben sich überaus zart manifestiert. Der Regenbogen
symbolisiert das Erscheinen des Sichtbaren aus dem Unsichtbaren, des Bewußten aus dem Unbewußten.

In vielen Kulturen auf der ganzen Welt wird der Regenbogen mit einem goldenen Zeitalter oder der Traumzeit assoziiert. Damals waren die Kräfte des Himmels und der Erde,
das Männliche und das Weibliche harmonisch vereint.
Ähnlich wie Bibbi befestigte auch der polynesische Gott
Oro einen Regenbogen am Himmel, dessen eines Ende sich
hoch emporschwang und dessen anderes Ende in einem Tal
auf der Erde ruhte.[1] In Japan galt diese bunte Lichtbrücke
ebenfalls als Straße der Götter.[2] Die griechische Göttin Iris
reiste als Botin auf dem vielfarbigen Regenbogen zwischen
Himmel und Erde hin und her.[3] Das sind nur wenige Beispiele für die Regenbogensymbole, die wir in vielen Mythologien finden.

Bibbis Fähigkeit, einen Regenbogen zu errichten, können
wir als Beweis dafür deuten, daß er eine Initiation durchgemacht hat, in der er das Mysterium der Schöpfung erlebte, und zwar durch das Mutter- oder Geburtsgesetz der
Australiden.[4] Dieser Gedanke steht im Einklang mit vielen
schamanistischen Völkern, die Trommeln in den Farben
des Regenbogens bemalen, so daß sie einen Weg zwischen
den Himmelskörpern und der Erde symbolisieren. Wenn
die Schamanen in die Tiefe der unbewußten, offenbaren-
den Ebenen eintauchen, dienen der bemalte Regenbogen

und das ständige Trommeln als Führer auf der inneren Reise zwischen den beiden Welten. In all diesen Kulturen kehren die Männer von ihrem Aufenthalt auf den noch nicht manifesten Ebenen mit Beweisen zurück: mit magischen Kräften, funkelnden Kristallen oder heiligen Liedern.[5]

In dieser Geschichte weist Bibbi seinen Status als Initiierter dadurch nach, daß er die bunte Himmelsstraße baut, um Diririri zu beeindrucken und ihr Herz zu gewinnen. Daß sie Bibbi bis dahin abgewiesen hat, mag ein Symbol für die Angst und die Unfähigkeit einer Frau sein, einem Mann völlig zu vertrauen und sich selbst zu geben, bevor er durch Initiation die unsichtbaren Tiefen des universellen Weiblichen erfahren hat. Diese Deutung paßt auch zu der Tatsache, daß australide Männer erst dann heiraten dürfen, wenn sie eine bestimmte Ebene der Initiation erreicht haben.

Bibbis Ankündigung, Katastrophen würden aus der Erde »hervorbrechen«, wenn die heilige Vereinigung des Männlichen und Weiblichen, symbolisiert durch den Regenbogen, nicht respektiert würde, ist eine Warnung, die viele Naturvölker ernst nehmen. Diese Kulturen prophezeien, daß das Band zwischen Männern und Frauen, Himmel und Erde zerreißt, wenn die Bedeutung des Regenbogens und die damit verbundenen Riten verlorengehen oder geschändet werden.[6] Seit der christlichen Ära wird der Himmelsgott verehrt, während die verwüstete, ausgebeutete Erde weint. Vielleicht ist das eine treffende Warnung vor dem Zustand der modernen Gesellschaft, in der nichtinitiierte, machthungrige Männer die Wirtschaft, die Politik und die Religion beherrschen, während die Erde, die Frauen und ihre Kinder ständig Opfer von Vergewaltigung, Krieg und Hunger werden. Alle diese Katastrophen können wir als

Produkte der von Männern beherrschten Organisationen betrachten.

Wenn wir diesen Mythos von einem weniger esoterischen Standpunkt aus untersuchen, entdecken wir weitere Bedeutungsschichten, die reich an psychologischer Raffinesse sind. Zum Beispiel verführt Bibbi die zaudernde Diririri, »indem er ihre gemischten Gefühle ausnutzte« – sie fürchtete seine Macht und bewunderte seine Fertigkeit. Dieser Textabschnitt offenbart Einsichten, Weisheit und Verständnis, die wir nicht nur in den Mythen, der Weltanschauung und den Zeremonien der Australiden finden, sondern bei Naturvölkern auf der ganzen Welt. Ist es nicht wagemutig, daß moderne Wissenschaftler unter dem Einfluß der eitlen, selbstgefälligen Evolutionstheorie Naturvölker als »primitiv«, »wild« oder »einfach« bezeichnen? Die Tatsache, daß dieser Mythos und zahllose andere uralte Geschichten der Australiden Bedeutsames zu unserer heutigen Krisensituation zu sagen haben, ist jedoch ein weiterer Beweis für die zeitlose Klarheit des australiden Wissens.

Geschichten
vom Heilen

Die traditionellen Australiden halten Krankheit und Tod für unnatürlich; denn sie haben niemals allein biologische Ursachen, sondern sind immer die Folge einer durch Zauberei projizierten übernatürlichen Energie. Wer heilen will, muß daher die übernatürliche Quelle und die kulturelle oder gesellschaftliche Schwäche oder Übertretung aufdecken, die den Gebrauch der Zauberkunst ausgelöst hat. Wenn das geklärt ist, beseitigt der Heiler die übersinnliche Störung und verordnet eine Arznei für den Körper. Die Gesundheit äußert sich als übernatürlicher Schild, der dem Patienten die Ursache der Krankheit in seiner eigenen Persönlichkeit und in der negativen Projektion, die er erduldet hat, bewußt macht. So erwirbt er Wissen und die Fähigkeit, sein Leben selbst zu heilen.

Gunur, die Medizinfrau

Gunur war eine schlaue alte Medizinfrau, die bei ihrem Sohn Gunur und seinen zwei Frauen lebte. Die Frauen waren Gudda, die rote Eidechse, und Birinun, die kleine, stachelige Eidechse. Eines Tages hatten die Frauen ihren Mann geärgert, und er verabreichte ihnen eine ordentliche Tracht Prügel. Danach gingen sie alleine weg. Sie sagten, sie könnten dieses Leben nicht mehr ertragen, und sie sahen keinen anderen Ausweg, als ihren Mann zu töten. Die Frage war nur, wie. Sie mußten sich eine List ausdenken.

Schließlich schmiedeten sie einen Plan. Sie gruben ein großes Loch in den Sand beim Bach, füllten es mit Wasser und deckten es mit Ästen, Laub und Gras zu.

»Jetzt gehen wir«, sagten sie, »und erzählen unserem Mann, wir hätten ein großes Beuteldachsnest gefunden.«

Sie gingen ins Lager zurück und sagten zu ihrem Mann, sie hätten ein großes Beuteldachsnest beim Bach gesehen, und wenn er sich heranschleiche, könne er die Tiere überraschen und alle fangen.

Gunur lief in großer Eile los. Er schlich sich bis auf wenige Schritte an das Nest heran und sprang dann hinauf. Erst als er spürte, wie die Äste unter ihm nachgaben und er ins Wasser fiel, merkte er, daß man ihn hereingelegt hatte. Aber es war zu spät – er konnte nicht mehr entkommen und ertrank. Seine Frauen hatten den Erfolg ihrer List von weitem beobachtet. Als sie sicher waren, daß sie ihren verhaßten Mann tatsächlich los waren, gingen sie zurück ins Lager. Gunur, die Mutter, vermißte ihren Sohn bald und fragte seine Frauen nach ihm. Doch sie taten so, als wüßten sie nichts. Zwei oder drei Tage vergingen, und Gunur war noch nicht zurückgekommen. Nun machte seine Mutter sich wegen seiner langen Abwesenheit ernstlich Sorgen, denn er hatte nichts über seine Pläne gesagt. Darum beschloß sie, seinen Spuren zu folgen. Sie fing dort an, wo sie ihn im Lager zuletzt gesehen hatte, und folgte den Spuren bis zum angeblichen Beuteldachsnest. Dort verschwanden die Spuren, und sie fand keinerlei Anzeichen dafür, daß er zurückgekehrt war. Sie tastete mit ihrem Yamsstock im Loch herum und spürte bald etwas Großes unter Wasser. Sie schnitt eine Astgabel ab und versuchte, den Körper anzuheben und herauszuholen, denn sie war davon überzeugt, daß es ihr Sohn war. Aber ein Ast nach dem anderen zerbrach. Schließlich versuchte sie es mit einem Midschistock (dem Ast einer Akazie mit Widerhaken), und diesmal hatte sie Glück. Als sie den Körper herausgezogen hatte, sah sie, daß es wirklich ihr Sohn war. Sie zerrte ihn zu einem Ameisenhaufen, beobachtete, wie die Ameisen ihn stachen, und hoffte auf ein Lebenszeichen. Bald erfüllte sich ihre Hoffnung, und nach heftigen Muskelzuckungen kam ihr Sohn zu Bewußtsein. Sobald er dazu imstande war, erzählte er ihr von dem Streich, den seine Frauen ihm gespielt hatten.

Gunur, die Mutter, war wütend. »Sie sollen dich nicht mehr zum Manne haben. Du wirst dich in meinem Dardurr verstecken. Wenn wir uns dem Lager nähern, steigst du in diesen langen, großen Kambi (Sack), und ich trage dich. Wenn du auf die Jagd gehen willst, trage ich dich aus dem Lager, und wenn wir außer Sichtweite sind, schlüpfst du hinaus und gehst jagen wie immer.«

Auf diese Weise gelang es ihnen, seine Rückkehr für einige Zeit geheim zu halten. Die Frauen wußten nicht, daß ihr Mann lebte und im Lager seiner Mutter wohnte. Doch als Gunur, die Mutter, jeden Tag reich beladen mit Beute von der Jagd zurückkam, vermuteten sie, daß jemand ihr half. Denn eine alte Frau konnte doch auf der Jagd nicht so erfolgreich sein. »Da stimmt etwas nicht«, dachten sie und sie waren entschlossen, es herauszufinden.

»Sieh mal«, sagte die eine zur anderen, »sie geht allein weg. Sie ist alt, und doch bringt sie mehr nach Hause als wir beide zusammen, und wir sind jung. Heute hat sie Opossums, Piggiebillas, Honig, Yams und vieles andere mitgebracht. Wir sind weit gegangen und haben wenig gefunden. Wir müssen sie beobachten.«

Als Gunur das nächste Mal mit ihrem großen Sack wegging, paßten die Frauen genau auf. »Schau doch, wie langsam sie geht«, sagte die eine. »Sie könnte nie auf Bäumen nach Opossums jagen – sie ist zu alt und schwach. Sieh mal, wie sie humpelt.«

Heimlich schlichen sie ihr nach und sahen zu, wie sie in einiger Entfernung vom Lager ihren Sack abstellte. Und heraus kam zu ihrer Überraschung Gunur, ihr Mann.

»Das also ist das Geheimnis«, sagten sie. »Sie muß ihn gefunden haben, und da sie eine gute Medizinfrau ist, gelang es ihr, ihn wieder lebendig zu machen. Wir müssen warten, bis sie gegangen ist. Dann gehen wir zu ihm und fragen ihn, wo er gewesen ist, und tun so, als freuten wir uns über seine Rückkehr. Sonst tötet er uns bestimmt eines Tages, jetzt, wo er wieder lebendig ist.«

Gesagt, getan. Kaum war Gunur allein, liefen die beiden

Frauen zu ihm und sagten: »Warum hat Gunur, unser Mann, uns verlassen? Wo bist du die ganze Zeit gewesen? Deine Frauen haben um dich geweint. Die Zeit ohne dich war so lang, und wir waren traurig, daß du nicht mehr in unseren Dardurr gekommen bist.«

Gunur gab vor zu glauben, daß ihr Kummer echt war und daß sie nichts von der Falle gewußt hatten, in die er gegangen war und die ohne die Hilfe seiner Mutter sein Grab geworden wäre.

Sie gingen zusammen auf die Jagd, und als sie genug Beute gemacht hatten, kehrten sie ins Lager zurück. Als seine Mutter sie kommen sah, rief sie: »Willst du dich wieder von deinen Frauen überlisten lassen? Habe ich dich nur deshalb vor dem Tod gerettet, damit sie dich wieder umbringen? Ich habe sie verschont, aber ich wollte, ich hätte sie erschlagen, damit es ihnen nicht gelingt, dich zu ermorden, mein Sohn. Zahlreich sind die Schliche der Frauen, und vielleicht bin ich nicht imstande, dich noch einmal zu retten. Laß sie am Leben, wenn du willst, aber laß sie nicht mit dir leben. Sie wollten dich in den Tod locken. Du gehörst nicht mehr ihnen, sondern nur noch mir. Habe ich dich nicht von den Toten zurückgeholt?«

Aber der Sohn sagte: »Es ist wahr, daß du mich gerettet hast, Mutter, und meine Frauen sind glücklich darüber. Sie haben sich genau wie ich vom Beuteldachsnest täuschen lassen. Es war das Werk eines Feindes, den ich noch finden muß. Sieh doch, Mutter – beweisen nicht die Liebe in ihren Augen und die zärtlichen Worte auf ihren Lippen, daß sie die Wahrheit sagen? Es soll wieder so sein, wie es war, Mutter, und wir werden in Frieden leben.«

So täuschte Gunur geschickt seine Frauen, so daß sie glaubten, er vertraue ihnen voll und ganz. In Wirklichkeit stand ihm der Sinn nach Rache. Ein paar Tage später war sein Plan fertig. Er schnitt zwei Pfähle und spitzte sie zu. Dann steckte er sie fest in den Bach und legte zwei Baumstämme ans Ufer vor die Pfähle, die unter der Wasseroberfläche nicht zu sehen waren. Nachdem er seine Vorbereitungen beendet hatte, lud er seine Frauen zu einem Bad ein. Als sie am Bach angekommen waren, sagte er:

»Seht ihr die zwei Baumstämme am Ufer? Springt von ihnen ins Wasser, damit ich sehe, wer von euch am weitesten tauchen kann. Ich springe zuerst, damit ich euch auftauchen sehe.« Und schon tauchte er ins Wasser, wobei er die beiden spitzen Pfähle sorgfältig vermied. »Das Wasser ist schön klar hier«, rief er. »Springt hinein.«

Die beiden Frauen liefen zum Ufer, stiegen auf die Baumstämme und sprangen ins Wasser. Gunur hatte die Entfernung gut berechnet, denn beide sprangen genau auf die Pfähle, die er im Wasser versteckt hatte. Sie steckten nun fest in ihnen und wurden unter Wasser festgehalten.

»So, jetzt bin ich gerächt«, sagte Gunur. »Meine Frauen werden mir keine Falle mehr stellen.« Und er ging ins Lager zurück.

Seine Mutter fragte ihn, wo seine Frauen seien. »Sie wollen Bienennester sammeln«, sagte er.

Doch als ein Tag nach dem anderen verging und die Frauen nicht zurückkehrten, begann die alte Frau zu argwöhnen, daß ihr Sohn mehr wußte, als er sagte. Sie fragte ihn nicht mehr, sondern wartete ruhig auf ihre Gelegenheit. Als ihr Sohn auf die Jagd ging, folgte sie den Spuren der Frauen. Als sie am Bach angelangt war und sah, daß keine Spuren zurückführten, stieg sie in den Bach, tastete herum und fand zwei aufgespießte Leiber. Es gelang ihr, sie loszumachen und aus dem Bach zu ziehen. Dann beschloß sie, die beiden wieder zum Leben zu erwecken, wenn es noch möglich war. Sie war nämlich wütend darüber, daß ihr Sohn ihr nicht gesagt hatte, was er getan hatte, und daß er sie ebenso getäuscht hatte wie seine Frauen. Sie rieb die Frauen mit einer ihrer Arzneien ein, verband die Wunden, welche die Pfähle ihnen zugefügt hatten, und zog sie dann zum Ameisenhaufen. Dort beobachtete sie, wie die Ameisen über die Körper krochen und sie bissen. Sie brauchte nicht lange zu warten – bald begannen sie sich zu bewegen und wieder lebendig zu werden.

Als sie wieder bei Kräften waren, nahm Gunur sie mit ins Lager und sagte zu Gunur, ihrem Sohn: »Einmal habe ich mein Wissen benutzt, um dich wieder lebendig zu machen, und nun habe ich es benutzt, um deine Frauen wieder lebendig zu machen. Jetzt gehört ihr alle mir, und ich wünsche, daß ihr in Frieden lebt und mich nie wieder betrügt. Andernfalls setze ich meine Kräfte nie mehr für euch ein.« Sie lebten lange zusammen, und als die Mutter starb, fiel ein schöner, blendendweißer Stern vom Himmel und man hörte einen Laut, der einem kurzen Donner glich. Alle Stämme der Umgebung sagten: »Eine große Medizinfrau ist gestorben, denn dies ist das Zeichen.« Und als die Frauen starben, wurden sie an den Himmel versetzt, wo sie nun als Gwaibilla (roter Stern) zu sehen sind. Dieser Stern wurde nach seiner hellroten Farbe benannt – sie stammt, so wird erzählt, von den roten Malen, welche die Pfähle auf dem Körper der beiden Frauen zurückgelassen hatten und die niemals verblaßt waren.

Erläuterungen

Der Zusammenhang zwischen den Traumzeitgeschichten und der Gesellschaftsordnung der australischen Ureinwohner ähnelt der Beziehung zwischen unseren Träumen und dem Wachzustand. Wenn wir aus einem Traum erwachen, erinnern wir uns an all die Herrlichkeit, den Schrecken, die Ekstase oder die Zerstörung, die wir erlebt haben, und wir stellen fest, daß wir zwar größere Einsicht in unser Inneres gewonnen, nicht aber die Struktur der äußeren Welt verändert haben. Das heißt, was wir im Traum tun, was erfüllend und befreiend oder verheerend und hemmend sein kann, hat zum Glück keine unmittelbare Auswirkung auf unsere stabilere physische Existenz. Auch die Australiden wissen, daß die Macht und Intensität der archetypischen Welt sich nicht auf die materielle Welt übertragen läßt, es sei denn im Ritual. Und die Ureinwohner verbringen einen großen Teil ihres Lebens damit, sich unablässig auf die zahlreichen Rituale vorzubereiten.

Die Traumzeitereignisse und das Verhalten der Ahnen in dieser Geschichte sind also ein Leitfaden, der uns zeigt, wie wir das physische Leben verbessern können und wodurch wir es zerstören oder hemmen. Auf diesen uralten Regeln basieren sowohl die kulturellen Normen wie auch das Heilen. Gunur, die Medizinfrau, heilt mit ihren großen magischen Kräften ihren Sohn und seine Frauen und stellt die Harmonie in der Gruppe wieder her. Doch aus ihren letzten Worten »Jetzt gehört ihr alle mir« können wir schließen, daß sie auch von den anderen Besitz ergriffen hat. In dieser Geschichte enthüllen die Australiden, wohin die Beziehung zwischen dem Heiler und dem Geheilten führen kann: Manchmal werden beide voneinander abhängig, oder der eine vergrößert seine Macht und nimmt den anderen in Besitz.

Die moderne Gesellschaft ist ein extremes Beispiel. Die Menschen übertragen die Verantwortung für ihre Gesundheit einem System, das mit Medikamenten und Operationen arbeitet. Unsere Kultur betrachtet den Körper als Mechanismus und sagt nichts über das Zusammenspiel zwischen körperlichen, seelischen und übernatürlichen Prozessen. Sie verschweigt auch, daß körperliche Gesundheit von der Gesundheit der Umwelt abhängt. Infolgedessen gibt es bei uns zahllose Menschen, die auf Impfstoffe, Medikamente, Anästhesie und allerlei chirurgisches und therapeutisches Brimborium angewiesen sind.

Die Schulmedizin ist degeneriert; sie ist kaum mehr als die kommerzielle Ausbeutung des Todes und der Krankheiten und wird von einem macht- und geldgierigen medizinischen Establishment verabreicht, das sich bemüht, alle anderen Heilverfahren zu unterdrücken oder einzudämmen. Das ist eine Form der Unterjochung und Besitzergreifung, und es ist die Schattenseite der archetypischen Beziehung zwischen Heiler und Patient. Einige westliche Ärzte versuchen heute jedoch, sich von Unterdrückung und Kommerzialisierung zu befreien und alternative Heilmethoden anzuwenden. Die Worte eines australiden Medizinmannes, zitiert von A. P. Elkin, zeigen, daß die Heilverfahren der Ureinwohner die Selbstheilung fördern, anstatt von äußerer Hilfe abhängig zu machen. Er sagte: »Ich kann heilen, weil ich glaube, daß die Kraft meines Geistes groß genug ist, um Kranken den Glauben an sich selbst wiederzugeben.«[1]

In der Geschichte von Gunur, der weisen Frau, erkennen wir die komplexen zwischenmenschlichen Beziehungen, die mit dem Heilprozeß zu tun haben. Wir können Gunur einerseits als egoistische Frau betrachten, die ihrem Sohn und seinen Frauen das Leben zurückgibt und als Lohn dafür von ihnen verlangt, ein Leben nach ihren Wünschen zu führen.

Andererseits symbolisiert Gunur die Erde oder die Erdmutter, die Jäger und Sammler wie die Australiden in der Tat besitzt und der die Menschen verpflichtet sind, weil sie die Quelle des Lebens, der Nahrung und der Heilung ist. Diese Geschichte ist keine Moralpredigt über die Gefahren, die mit der Macht des Heilens verbunden sind; sie untersucht vielmehr, wie diese Macht auf einer metaphysischen oder archetypischen Ebene (Mutter Erde) existiert und wie sie auf der Ebene der menschlichen Psychologie Störungen hervorrufen kann.

Die Australiden respektieren in jeder Zeremonie und in allen Aspekten des Stammeslebens die Macht der Ahnen, die die gesamte Schöpfung durchdringt. Dadurch vermeiden sie es, der Psychologie der Macht oder Besitzgier zum Opfer zu fallen, einerlei, ob es sich um die Macht zu heilen, zu retten oder zu regieren handelt. Sprache und Gesellschaftsform der australischen Ureinwohner sind außerstande, Besitz oder Eigentum an einem anderen Menschen oder an einer Sache auszudrücken oder auszuüben. Außerdem sind sie als Nomaden gar nicht daran interessiert, Besitz anzuhäufen.

In der australiden Mythologie ist jeder Mensch mit den Vögeln, Insekten, Tieren und Pflanzen verwandt, und diese Blutsbande reichen bis in die Traumzeit zurück. Diese Weltanschauung wird Totemismus genannt. Ein Wirrinun besitzt neben dem ererbten Totem mitunter auch ein Junbiai, einen Tiergeist. Dieser Junbiai, in den sich ein Wirrinun bei Gefahr verwandeln kann, hilft angeblich beim Heilen und Zaubern.[2] In dieser Geschichte sind die Ameisen offenbar ein solches Totem für Gunur; denn sie kommen ihr zu Hilfe, als sie ihren Sohn und dessen Frauen retten will. Die Beziehung zwischen einem Australiden und seinem Totem symbolisiert seine Intimität mit der ganzen natürlichen Welt und verrät tiefes Wissen um alle Merkmale und Verhaltensweisen selbst der kleinsten Tiere. K. Langloh Parker weist darauf hin, daß selbst kleine Kinder ihre Totemfamilien kennen. Sie berichtet:

»Eines Tages sagte ich zu einem kleinen australiden Mädchen neben mir: ›Ich wollte, ich könnte all diese schwarzen Ameisen töten.‹

›Oh‹, sagte sie betrübt, ›das sind meine Verwandten!‹«[3]

Ein Ureinwohner würde diesen Mythos vielleicht »Ameisentraum« oder »Ameisensprache« nennen, weil er von Aspekten des menschlichen Lebens handelt, die der Beobachtung der Ameisen zu verdanken sind. In dieser Geschichte finden wir viele symbolische und körperliche Ähnlichkeiten zwischen Ameisen und Gunur, der Ahnin aus der Traumzeit. Die Ameisenkönigin gräbt eine kleine, geschützte Höhle in die Erde, wo sie monatelang, manchmal über ein Jahr, alleine lebt und für ihre Brut sorgt, nachdem sie aus den Eiern geschlüpft ist.[4] Das erinnert an Mutter Erde, die alles Leben aus sich selbst hervorbringt. Gunur symbolisiert außerdem den bedingungslosen Gleichmut der Erde, die sowohl ihren rachsüchtigen Sohn als auch dessen mörderische Frauen wiederbelebt.

Wie die Ameisenkönigin, die ohne erneute Paarung ihr Leben lang Eier legt, erreicht Gunur ein reifes Alter und bleibt als Heilerin auch Gebärerin.[5] Wie die Geschichte enthüllt, wird ihre Fruchtbarkeit, das heißt ihre Fähigkeit, durch Heilen Leben zu spenden, von den Ahnen absorbiert, die sie ihr gegeben haben; dennoch bleibt sie wie die Sterne erhalten, weil das Wissen über die Heilkunst von Generation zu Generation weitergereicht wird.

Ameisen sind ein mächtiges Totem, und zwar aus demselben Grund, warum sie heute als Superinsekten bekannt sind: Sie leben auf allen fünf Kontinenten in einer Zahl, die keine andere Insektenart erreicht. Die wissenschaftliche Erklärung dafür ist ihre Fähigkeit, sich an die unterschiedlichsten Umweltbedingungen anzupassen.[6] Das gelingt ihnen erstaunlich schnell. Zum Beispiel setzen sie winzige Veränderungen der Luftfeuchtigkeit, des Luftdrucks und der elektrischen Ladung vor einem Regen unverzüglich in chemische Botschaften um, die im ganzen Ameisenvolk verbreitet werden. Diese Informationen lösen eine hektische Aktivität aus, in deren Verlauf bestimmte Verhaltensweisen und äußere Merkmale – einschließlich des ausgeklügelten Straßennetzes im Ameisenhügel – sich ändern können.[7]

Die chemische Information, die die Anpassung von Insekten an die Umweltbedingungen widerspiegelt, wird durch ihr Gift übertragen, wenn sie jemanden beißen. Darum glauben manche, daß ein Insektenbiß eine Veränderung in der Körperchemie eines Menschen auslösen kann, die eine schnellere Anpassung an einen bestimmten Ort ermöglicht.[8] Diese Beschleunigung der Kommunikation zwischen einem Menschen und seiner Umgebung ist eine Harmonisierung, die für jede gründliche Heilung notwendig ist. Dieses Wissen nutzt Gunur in unserer Geschichte. Viele Naturvölker bemühen sich, die innere Harmonie eines natürlichen Ortes zu entdecken, und oft stellen sie fest, daß sich in der Nähe eines giftigen Reptils oder Insekts oder einer Giftpflanze auch ein Heilmittel befindet. Man kann zum Beispiel den schmerzhaften Biß einer australischen

Stierameise sofort lindern, wenn man den Saft eines Adlerfarns aufträgt, der gewöhnlich in der Nähe der Ameisenhügel wächst.

Dieser Mythos ermöglicht es uns, die Heilkraft eines Insektengifts mit der Wiederherstellung der Harmonie zwischen Menschen, die »fehl am Platze« sind, zu vergleichen. Zunächst sorgte der junge Gunur für ein Ungleichgewicht, als er seine Frauen mißhandelte. Insofern war er nach dem Gesetz der Traumzeit in seiner Umwelt »fehl am Platze«. Seine Beseitigung setzte einen Kreislauf der Rache in Gang, den die weise Gunur mit Hilfe einer Macht aus der natürlichen Welt unterbricht, die über die gesellschaftliche Moral und persönliche Anliegen erhaben ist.

Die Maoris in Neuseeland und andere Naturvölker betrachten Insekten und besonders Ameisen als wichtige und mächtige Tiere. Darum begrüßen sie ihre spirituelle Energie zuerst, wenn sie ein neues Gelände betreten. Auch die Wiederbelebung von Bewußtlosen durch Ameisenbisse ist bei mehreren Naturvölkern üblich. In den schamanistischen Initiationsriten der Australiden werden Unmengen von Ameisen benutzt, um eine todesähnliche Trance hervorzurufen.[9] In Europa wird Insektengift, besonders das Gift der Tarantel, heute noch verwendet, um bewußtseinsverändernde Zustände herbeizuführen. Dichter, Philosophen und Künstler, die ihre vorgefaßten Meinungen überwinden und sich unbekannten Dimensionen öffnen wollen, benutzen Tarantelgift. Man sagt, Rimbaud und Nietzsche hätten diese Substanz ausprobiert und sie habe auch die poetischen Visionen moderner amerikanischer Künstler wie Bob Dylan und Jim Morrison inspiriert.[10] So wie das Ameisengift in diesem Mythos bei dem jungen Gunur und seinen Frauen heftige Zuckungen auslöst, ruft das Gift der Tarantel Kontraktionen im zerebrospinalen Nervensystem hervor, die begleitet sind von schärferer Sinneswahrnehmung und emotionaler Erregung – beides erschreckend und ekstatisch zugleich. Mißbrauch kann jedoch zu schweren Schäden am Zentralnervensystem führen.[11]

Sowohl das Spinnen- wie auch das Ameisengift können Menschen rasch in einen anderen Bewußtseinszustand versetzen. Dichter benutzen es, um die Beschränkungen des Normalbewußtseins (das ihr Geist als eine Art Tod empfindet) zu überwinden und ekstatische Gipfelerlebnisse herbeizuführen. Dagegen stimuliert das Gift in unserer Geschichte die Lebenskraft im Körper Gunurs und seiner Frauen. Dieser Mythos (und viele andere, die wir besprechen) ist ein Code, eine Parabel, eine verschlüsselte Beschreibung der Riten, die sich um Tod und Wiedergeburt drehen. Diese Riten sind der tiefe Kern und die Quelle der australiden Spiritualität; sie ermöglichen es den Teilnehmern, in der Trance bestimmte Nervenzentren zu öffnen und sich auf diese Weise mit den sonst unhörbaren Stimmen der Ahnen zu unterhalten, die von heiligen Plätzen (Traumorten) ausgehen. Diese Erfahrung des Todes und der Wiedergeburt wirkt heilend, weil sie eine tiefere Verbundenheit mit den natürlichen und metaphysischen Kräften der Schöpfung herstellt. Krankheiten (für die Ureinwohner eine Form der Besessenheit), der zeremonielle Tod und Selbstverwundung gelten als Vorboten, welche die Energie und die Vision immer wieder zu den tiefen, verborgenen Quellen des Lebens lenken.[12] Riten und Heilen sind also verschiedene Aspekte desselben Wissens. Eine scheinbar schlichte Traumzeitgeschichte regt uns nicht nur zum Nachdenken über die Anwendung von Insektengiften beim

Heilen an, sondern auch darüber, welche Rolle seelische und metaphysische Faktoren in der Heilkunst der Australiden spielen. Viele moderne Heilverfahren sind ebenfalls ganzheitlich orientiert. Fortschrittliche Homöopathen berücksichtigen beispielsweise bei ihren Diagnosen auch den seelischen Zustand einschließlich der Träume. Wie die Medizin der Naturvölker empfiehlt die Homöopathie ebenfalls die Wendung nach innen, um auf natürliche Weise Harmonie im Organismus herzustellen. Homöopathische Arzneien werden in zwei Phasen zubereitet: durch Verdünnung und Schütteln. In der Alchemie ist die Verdünnung eine Methode, die essentiellen Wirkstoffe einer Substanz zu reinigen oder zu extrahieren, indem man sie so stark wie möglich verdünnt. Das ist das Gegenteil der Destillation, die einen bestimmten Wirkstoff durch Konzentration extrahiert. Das Wort Extraktion stammt aus derselben Wurzel wie das englische *ancestry* (Ahnen, Vorfahren). Mit anderen Worten: Wenn wir eine Substanz bis auf ihre Essenz verdünnen oder destillieren, schwingt sie in ihrer ursprünglichen, reinen Frequenz. Die stärksten homöopathischen Arzneien werden so sehr verdünnt, daß ihre Essenz nicht mehr in Molekülen, sondern nur noch in Atomen vorhanden ist – die Substanz wurde also auf ihren atomischen Ursprung zurückgeführt. In diesem Zustand tauschen die Substanz und das Wasser, in dem sie verdünnt wurde, Schwingungsenergie aus. Die Moleküle des Wassers nehmen einen feinstofflichen Abdruck, eine subchemische Botschaft von der Substanz auf. Diese stark reduzierte und doch energetisch wirksamere Arznei wird dann durch längeres rhythmisches Schütteln »vertieft«. Das ist in der Homöopathie die zweite Phase der Zubereitung. Die Lösung, die wir dadurch erhalten, enthält nicht nur Energie, sondern auch Informationen, die sie dem Körper überbringt.[13] Zwischen dieser Zweiphasenmethode und den Riten der Australiden besteht eine interessante Analogie. Die Vorbereitung der Zeremonie kann Tage, Wochen oder gar Monate dauern. Während dieser Zeit arbeiten die Teilnehmer an ihren kunstvollen Kostümen und Körperbildern. Dadurch »extrahieren« sie die essentiellen Eigenschaften ihres Ahnentotems und bringen ihre Identität in die des Archetypus ein. Auf diese Weise erreichen sie, daß die vitale Essenz einer von den Ahnen oder von Tieren stammenden Energie während des farbenprächtigen Rituals zum Vorschein kommt. Die Tänzer stampfen im Rhythmus der Didschiridu (Trommelstöcke) auf den Boden und verfallen in eine monotone, rhythmische Bewegung, die mehrere Tage und Nächte andauern kann. Das entspricht dem Schütteln einer homöopathischen Substanz mit dem Ziel, die Heilkraft zu verstärken. Durch die Schwingungen, die der Tänzer mit den Füßen in der Mutter Erde hervorruft, vertieft er seine Verbindung mit den Ahnen und der Traumzeit und kann auf feinstofflichem Weg mit seinen Ahnengeistern Informationen austauschen. Auch das ist eine Analogie zum Informationsaustausch bei der homöopathischen Therapie. Die Beteiligung an der Zeremonie ist in den Augen der Australiden das beste aller Heilverfahren.

Wir können die Analogie bis zur Geschichte von Gunur fortsetzen. Die Körper des jungen Gunur und seiner zwei Frauen liegen mehrere Tage im Wasser – eine Art »Verdünnung«. Dann zieht die alte Gunur die mit Wasser gefüllten Körper zum nahegelegenen Ameisenhaufen. Die Insekten beißen und »schütteln« sie mit ihrem Gift, bis sie wieder zum Leben erwachen. Diese Analogie erscheint weniger weit hergeholt, wenn wir uns klar machen, daß jagende und sammelnde Naturvölker an eine feinstoffliche Geistenenergie in jeder Pflanze glauben. Man weiß, daß Nahrungspflanzen Mineralien in winzigen Mengen aufnehmen und sie in ihrem wässrigen Gewebe verdünnen. Wenn Wind und Regen die Pflanze in eine konstante, rhythmische Bewegung versetzen, wird das Mineral potenziert. Diese Energie, die von dem Ort stammt, an dem die Pflanze wächst, nimmt ein Mensch auf, der die gepflückte Frucht oder Pflanze sofort verzehrt, und sie verleiht der Nahrung ihre heilende Wirkung. In landwirtschaftlichen Gesellschaften, die auf Konservierung, Lagerung und Transport angewiesen sind, geht diese Heilkraft verloren.[14] Pflanzen haben entweder homöopathische (energetische) oder (als Kräuter) substantielle Eigenschaften. Kräuter sind Nahrungspflanzen, oder man benutzt sie bei Riten als Aphrodisiaka oder Halluzinogene, die eine Trance hervorrufen. Beispiele für die ersteren sind Blütenpollen und Honig, für die letzteren das Mutterkorn aus Roggen, Kartoffeln und Tomaten, die zur selben Familie (Nachtschattengewächse) gehören wie die Halluzinogene Belladonna und Stechapfel.[15] Es ist interessant, daß die Europäer, nachdem die Kirche den Gebrauch der in Nachtschattengewächsen enthaltenen Drogen verboten hatte, eifrig Nahrungspflanzen derselben Familie verspeisten, die kurz zuvor aus der Neuen Welt importiert worden waren, nämlich Kartoffeln und Tomaten. Vielleicht versuchten sie unbewußt, diesen Nahrungsmitteln wenigstens eine Spur ihrer einstigen spirituellen Kraft zu entnehmen. Wie das menschliche Bewußtsein haben auch Pflanzen, Insekten und Tiere die Fähigkeit, sowohl in der äußeren Welt als auch in den mythischen Bereichen der inneren Welt aktiv zu sein. Nur durch Kommunion (das Sakrament der Nahrung) zwischen den voneinander abhängigen Bereichen der Natur lassen diese Fähigkeiten sich vollständig verwirklichen.

Gibt es historische Verbindungen zwischen der Homöopathie, die der deutsche Philosoph Samuel Hahnemann im 18. Jahrhundert begründete, und uralten schamanistischen Methoden, vor allem denen der Medizinfrauen? Historiker führen zwar einige Aspekte der Homöopathie auf Hippokrates zurück, aber es gibt auch Hinweise darauf, daß Hahnemann sich intensiv mit den Werken des Mystikers und Alchemisten Paracelsus beschäftigte und von ihnen beeinflußt wurde. Paracelsus schrieb den größten Teil seiner Werke im 15. Jahrhundert, als er auf dem Höhepunkt der schrecklichen Inquisition quer durch Europa reiste. In dieser abscheulichen Episode der europäischen Geschichte, die fünf Jahrhunderte umfaßte, wurden Millionen von Frauen gefoltert und verbrannt, weil sie die Hexenkunst ausübten.[16] Paracelsus entnahm ihren uralten Heilmethoden viele wichtige Informationen, und da Hahnemann von Paracelsus lernte, blieben uns die alten Überlieferungen der Frauenmedizin erhalten.

Das patriarchalische Europa zahlte einen hohen Preis für die Vernichtung der alten Heilkunst. Die großen Seuchen konnten sich in Europa ungestört ausbreiten, weil der Verlust des uralten weiblichen Wissens ein Vakuum zurückgelassen hatte. Trotzdem wurde die Homöopathie, die ihre Wurzeln in diesem Wissen hat, in Rußland zum Kampf gegen die Cholera eingesetzt, und angeblich senkt man damit die Sterblichkeit auf unter zehn Prozent, während die Schulmedizin sich mit einer Sterblichkeit von sechzig bis siebzig Prozent abfinden mußte.[17]

Die Geschichte von Gunur erinnert uns noch aus einem anderen Grund an die europäischen Seuchen: Sie stellt eine

Verbindung zwischen der Gesundheit des Menschen und den Tieren her. Viele der großen europäischen Seuchen wurden offenbar dadurch ausgelöst, daß Menschen sich bei Tieren ansteckten. Als die Viehzucht an Bedeutung gewann, hatte der Mensch mehr Kontakt mit Schafen, Kühen und anderen Tieren und wurde von ihnen abhängig. Hier degenerierte die heilige Totembeziehung zwischen Naturvölkern und Tiergeistern zu ihrem düsteren Gegenteil: Massentierhaltung, Ausbeutung und Schlachtung von Tieren als bloße Waren. Dieses heilige Band wurde zudem durch die Zerstörung der Wildnis und ihres Lebens durchtrennt – man benötigte Weiden für das Vieh.

Heute gibt es Hinweise darauf, daß auch AIDS von einem Virus verursacht wird, das bei bestimmten Tieren harmlos, beim Menschen jedoch tödlich ist. Immer mehr Indizien sprechen dafür, daß der Impfstoff gegen Kinderlähmung, der in den fünfziger Jahren Millionen von afrikanischen Kindern verabreicht wurde, HIV-ähnliche Viren enthielt. Diese Viren kommen von Natur aus in den Nieren der Zehntausenden von Affen vor, die man tötete, um aus ihnen eine Lösung herzustellen und darin den Impfstoff zu kultivieren.[18] Da wir nichts über die wahre Natur der Spiritualität und des Heilens wissen, hat das Zerschneiden der heiligen Verbindung zwischen Menschen und Tieren einmal mehr zu einer alptraumhaften Episode der Selbstvernichtung geführt.

Wie in Europa haben Überreste der alten Tradition auch den christlichen Völkermord während der Kolonisation Australiens überdauert. Diese Überlieferungen der Medizinfrauen wurden noch um die Jahrhundertwende praktiziert, und K. Langloh Parker berichtete über viele Erlebnisse ihrer australiden Freundin Butha (sie wird im Vorwort erwähnt), die in den Augen einer Europäerin Wundern gleichkamen.[19]

Selbst heute lebt die Tradition der Medizinfrauen noch weiter, wie die Anthropologin Diane Bell bei verschiedenen Gelegenheiten entdeckte. Sie berichtet von einem Australiden, der zu den Medizinfrauen gebracht wurde und den sie heilten, indem sie ihm die Lieder und Geschichten seines Landes vorsangen. Diese gesungenen Mythen, erklärten die Frauen, brachten den Geist des Kranken wieder in Verbindung mit seiner Heimat und mit den Kräften der Ahnen, die seinen »Traumplatz« und somit sein Leben erschaffen und erhalten hatten.[20]

Die lebenserhaltende spirituelle Verbindung zwischen uns und unserer natürlichen Umwelt, ohne die wir nach Auffassung der Ureinwohner nicht gesund sein können, ist uns fremd geworden – wir haben sie entweiht. Die überwältigende Verzweiflung, die Resignation und der Schrecken, die entstehen, während wir hilflos die fürchterliche Bevölkerungsexplosion und die quälende Schändung der Natur erleben – und uns daran beteiligen –, kann nur geheilt werden, wenn wir diesen Zustand durch die uralten Augen der schamanistischen Kulturen betrachten. Da unsere Gesellschaft es nicht für notwendig hält, Menschen in die Geheimnisse des Todes und der Wiedergeburt einzuweihen, treibt das kollektive Unbewußte uns unweigerlich in die Vernichtung, damit es neu geboren werden kann. Wie wir gesehen haben, hat die australide Gesellschaft den universellen zerstörerischen Imperativ sowohl auf der individuellen wie auch auf der kollektiven Ebene ritualisiert, und darum hat ihre Kultur möglicherweise 150 000 Jahre lang überlebt – wie eine Schlange, die einfach ihre Haut abwirft. Wir mögen uns »grünen« Bewegungen anschließen und gegen die Korruptheit und Gier des patriarchalischen Systems kämpfen; ein vielversprechendes Anzeichen dafür, daß unsere Zivilisation ihren Untergang noch abwenden kann, gibt es noch nicht. Unsere Kultur führt uns in den Tod; wir müssen sie durch eine Kultur ersetzen, die nach dem Leben strebt.

Der Zyklus des Todes und der Wiedergeburt ist ein Gesetz der Traumzeit, eine universelle Triade aus Schöpfung, Erhaltung und Zerstörung, die sich im Gebären, in der Kinderpflege und in der Menstruation widerspiegelt. Darum kann die Menschheit ihre kritische Übergangsphase nur mit Hilfe der gebärenden, hegenden und heilenden Frauen bewältigen. Das begrenzte Recht auf Erfolg und Leistung, das der Feminismus sich erkämpft hat, sollte nicht als Aufforderung zur Integration in diese spirituell ausgehungerte Männergesellschaft verstanden werden. Die Angst, welche die europäische Hexenjagd vor einigen Jahrhunderten auslöste, und die anhaltende Vorherrschaft der Männer macht es uns zwar schwer, das Weibliche auszudrücken; dennoch haben wir als westliche Frauen heutzutage wohl weniger zu fürchten. Trotzdem – die Lebenskraft der Erde wird weiter hemmungslos zerstört, und das ist vielleicht die größte Herausforderung, der die Frauen jemals gegenüberstanden. Eine zutiefst sinnliche oder intuitive, ausdrucksvolle, mitfühlende oder entschlossene Frau zu sein, trägt möglicherweise mehr als alles andere zum Wandel bei. Wir dürfen uns jetzt nicht mehr nur die Frage stellen, wie wir als Frauen frei werden, sondern wir müssen uns auch damit beschäftigen, wie diese Freiheit eine radikale Veränderung der Tiefenstruktur unserer Gesellschaft herbeiführen kann.

Die Mythen der australischen Ureinwohner offenbaren

eine Gesellschaftsordnung und einen rituellen Alltag, die es Frauen erlauben, alle ihre weiblichen Aspekte auszudrücken, die dunklen wie die hellen. Die Naturvölker sind eine Quelle, aus der wir schöpfen sollten, damit wir schneller die Riten, die Gesellschaftsform, die Medizin, die Geschichten und die Mythen finden, die es uns ermöglichen, in die dunkelsten Tiefen zu tauchen und unser ganzes weibliches Potential und all unsere Macht als Frauen ausschöpfen. Die Mutter, die Hexe, die Schöpferin, die Zerstörerin, der wilde Zorn und die mitfühlende, gebärende Freude, das Vertraute und Tröstende ebenso wie das Mysteriöse und Verlorene, das Verfolgte und Verbannte, aber auch das Gewünschte und Geliebte – das Weibliche, das für ein Gleichgewicht zwischen Leben und Tod sorgt, muß auf Erden und in der menschlichen Gesellschaft wieder die ihm gebührende machtvolle Rolle spielen, damit das unvermeidliche, heilende Ritual beginnen und die Menschheit wiedergeboren werden kann.

Die Bunbunduluai

Mutter Bunbunduluai legte ihren kleinen Sohn, der erst krabbeln konnte, in ihr Gulai. Das ist eine Art kleine Netzhängematte, die Frauen auf den Rücken binden und in der sie Waren und Babys tragen. Bunbunduluai, die Taube, schlang sich das Gulai über den Rücken und ging auf die Jagd.

Als sie einige Zeit gegangen war, kam sie an einer Gruppe von Dunnia (Akazien) vorbei. Am Fuße eines Baumes sah sie einige große Eulumara (Larven), die gut schmeckten. Sie sammelte ein paar von ihnen auf und stocherte mit ihrem Yamsstock an den Wurzeln herum, um noch mehr Larven zu finden. Sie ging von Baum zu Baum und sammelte überall Larven. Um sie alle zu bekommen, legte sie das Gulai ab und suchte weiter.

Sie war so aufgeregt, daß sie das Gulai mit dem Kind darin bald vergaß und weiterging. Sie entfernte sich immer mehr von den Akazien und dachte überhaupt nicht an ihr armes Birrali (Baby). Immer weiter und weiter ging sie.

Das Birrali wachte auf und kroch aus dem Gulai. Zuerst krabbelte der Knabe nur herum, aber bald wurde er stärker, stand auf und stellte sich neben einen Baum. Jeden Tag wurde er kräftiger, und eines Tages konnte er alleine gehen. Immer noch wuchs seine Kraft, und bald konnte er laufen. Er wuchs zu einem großen Jungen und dann zu einem Mann heran, und während aus dem Birrali ein Mann wurde, sah er seine Mutter kein einziges Mal.

Doch in einem fernen Land erinnerte sich Bunbunduluai, die Mutter, eines Tages doch noch an das Birrali, das sie zurückgelassen hatte. »Oh«, rief sie weinend, »ich habe mein Birrali vergessen. Ich habe es in einem fernen Land unter den Akazien zurückgelassen. Ich muß zu meinem Birrali gehen. Mein armes Birrali! Ich habe es vergessen. Ich muß wohl verrückt gewesen sein, als ich es vergaß. Mein Birrali! Mein Birrali!«

So schnell sie konnte, ging die Mutter zurück ins ferne Land zu der Akaziengruppe. Als sie den Platz erreicht hatte, sah sie die Spuren ihres Birralis – zuerst war es gekrochen, dann gestanden, dann gegangen und schließlich gelaufen. Die Spuren, denen sie folgte, wurden immer größer und führten zu einem Lager. Das Lager war leer, aber es brannte ein Feuer. Darum wartete sie und schaute sich um. Sie sah, daß ihr Sohn viele Waffen gemacht hatte, und sie sah viele Opossumfelle, die er innen bunt gefärbt hatte.

Dann sah sie endlich einen Mann aufs Lager zukommen, und sie wußte, daß es ihr Birrali war, das zu einem Mann herangewachsen war. Als er näherkam, lief sie ihm entgegen und sagte:

»Bunbunduluai, ich bin deine Mutter – die Mutter, die dich als Birrali vergessen und verlassen hat. Doch nun bin ich gekommen, um dich zu suchen, mein Sohn. Die Reise war lang, und deine Mutter war müde. Aber jetzt, wo sie wieder ihr Birrali sieht, das zu einem Mann geworden ist, ist sie nicht mehr müde, sondern ihr Herz ist froh und sie möchte vor Freude laut singen. Ah, Bunbunduluai, mein Sohn! Bunbunduluai, mein Sohn!« Und sie lief mit ausgebreiteten Armen auf ihn zu, als wolle sie ihn umarmen.

Doch das Gesicht ihres Sohnes war finster, und seine Zunge gab keine Antwort. Er bückte sich nur, hob einen gro-

ßen Stein auf und warf ihn flink nach seiner Mutter. Er traf
sie mit solcher Wucht, daß sie tot zu Boden fiel. Dann ging
Bunbunduluai in sein Lager.

Erläuterungen

Auch in diesem letzten Mythos finden wir keine klar um-
rissenen Hauptfiguren, Helden oder Heldinnen, und wieder
fehlt eine klare Moral. Aber diese uralten Geschichten können nicht bedeutungslos sein; denn sie sind die Grundlage
der fundamentalen gesellschaftlichen Normen sowie des
initiatorischen Wissens, und sie hatten zugleich die Aufgabe, beides von einer Generation zur anderen zu übermitteln. Um die subtilen, vielschichtigen Bedeutungen dieser Geschichte zu dechiffrieren, werde ich wieder Erkennt-
nisse über die traditionellen gesellschaftlichen Werte und
Normen der australischen Ureinwohner heranziehen; denn
diese Werte und Normen sind ein lebendes Symbol der australiden Weltanschauung und Kosmologie.

Die Handlung der Geschichte dreht sich um das archetypische Verhalten eines Kindes, das von der Mutter verlassen
wurde. Dieses Strukturelement kommt auch in der Geschichte des Moses und im ägyptischen Mythos von der
großen Mutter Isis und ihrem Sohn Horus vor, aber auch
in den Mythen anderer alter Kulturen.[1] Moses' Mutter versteckt ihr Kind in einem Korb zwischen Schilfrohren. Das
können wir als eine Methode betrachten, die Gesellschaftsnormen der Hebräer, die damals unter Verfolgung
und Zwang litten, an die Nachwelt zu übermitteln.

Moderne Frauen leiden unter den Anforderungen und dem
Streß unserer Gesellschaft, und sie müssen oft diesem archetypischen Muster folgen – also auf Kinder verzichten
oder sie vernachlässigen –, um in einer materialistischen

Welt wirtschaftliche Sicherheit für sich selbst oder ihre Familie zu erlangen. Sozialistische oder kommunistische Gesellschaften huldigten demselben Archetypus, damit die Frauen für den »idealen Staat« arbeiten konnten.

In diesem australiden Mythos verläßt die Mutter ihr Kind nicht aus wirtschaftlichen Gründen oder um das Überleben einer Kultur zu sichern, und ihr Verhalten wird auch nicht mit sozialistischen Idealen beschönigt. Es ist einfach Bunbunduluais Freßsucht, die sie zwingt, mehr Nahrung zu sammeln, als sie braucht. Der gute Fang versetzt Bunbunduluai in immer größere Erregung, und sie wandert von Baum zu Baum, ohne an andere Dinge zu denken. Wir können diesen Konsumzwang mit der zentralen Dynamik unserer modernen Wettbewerbsgesellschaft vergleichen, die hemmungslose Triebbefriedigung begünstigt. Theoretisch, und oft auch praktisch, ist alles erlaubt, um die Gier nach Reichtum und Macht auszuleben.

Selbst das Wort »Individuum« wird in unserer Gesellschaft völlig mißverstanden. Es bedeutet nämlich »Teilung«, »Bruchstück« oder »Teil« und setzt voraus, daß der Teil zu einem größeren Ganzen gehört. In unserer Gesellschaft herrscht jedoch Einigkeit darüber, daß das Individuum sich so verhält, als sei es selbst ein unabhängiges Ganzes. Dieser grobe Irrtum – die Idee vom individuellen Selbst – ruft einen kollektiven psychischen Komplex hervor.

Der kommerzielle Wettbewerb ist auf künstliche Stimulierung des individuellen Ehrgeizes angewiesen. Diese Ehe zwischen Kommerz und Ehrgeiz wirft einen Schatten auf die menschliche Seele und macht uns glauben, daß das unbegrenzte Anhäufen von materiellem Besitz unsere Wünsche und unseren Hunger befriedigen und unsere Unsicherheit beseitigen kann.

Mit anderen Worten: Der »autonome Teil« wird zu dem Glauben verführt, er könne »ganz« werden, indem er Menschen oder Dinge aus seiner Umgebung zu sich heranzieht oder sich einverleibt. Heute erkennen immer mehr Menschen, daß die Gültigkeit und Übertreibung individueller, materieller Werte und Ambitionen die Wurzel des gesellschaftsfeindlichen Verhaltens in der wirtschaftlich entwickelten westlichen Gesellschaft ist.

In dieses Bild paßt auch die ständig zunehmende Kriminalität. »Verbrechen ist amoklaufender Individualismus – im Geschäftsanzug ebenso wie in der Kluft der Ghettos.«[2]

In irgendeiner Weise werden wir alle von unserer Gesellschaft so konditioniert, daß wir uns wie Bunbunduluai verhalten. Daß diese tragische Geschichte ein derartiges Verhalten beschreibt, obgleich die Kultur der Ureinwohner ja weit davon entfernt ist, den Eigennutz zu fördern, ist ein Beweis dafür, daß die Australiden sich der menschlichen Natur und ihrer Gefahren voll bewußt sind.

Die Bereiche, in denen das autonome Individuum unabhängig sein und sich selbst bestätigen darf, sind in unserer Gesellschaft traditionell für Männer reserviert. Erst seit kurzem dürfen Frauen an diesem Prozeß und diesen Wertvorstellungen teilhaben, oft auf Kosten ihrer körperlichen Gesundheit, ihres seelischen Wohlbefindens und ihrer wahren Verantwortung gegenüber der Gesellschaft und der Natur. Außerdem verlangt man von ihnen, ihre spezifisch weibliche seelische und geistige Entwicklung zu verleugnen. Dennoch fordern einige feministische Autorinnen die Frauen ständig auf, ihre Freiheit im heldenhaften Streben nach Individualismus zu suchen.

Für Clarissa Pinkola Estes ist diese Kombination aus Ehrgeiz und Freiheit beispielsweise eine Möglichkeit, den Zustand weiblicher »Wildheit« zu erreichen, das heißt, das »instinkthafte Selbst« zu entfesseln.[3] Sie übersieht jedoch, daß die Förderung eben dieser Triebe bei Männern uns der Wildnis entfremdet und zu ihrer Zerstörung geführt hat. Estes und andere moderne Befürworterinnen einer »Rückkehr zur Wildheit« filtern diese primäre menschliche Erfahrung durch die Sprache und die Begrenztheit der westlichen Psychologie und der profitorientierten Gesellschaft. Ausdrücke wie »persönliche Pilgerschaft« und »tiefe persönliche Suche« werden mit der Rückkehr zur »Wildnis«, zur »Erde« und zur »natürlichen Welt« gleichgesetzt.[4] Selbstverständlich müssen wir die gesellschaftliche Unterdrückung beseitigen, die die verborgene Seite unserer individualistischen Dynamik ist. Die offensichtlichen Widersprüche in einer »Rückkehr zur Wildnis« dieser Art sind ihren Befürwortern jedoch entgangen, weil sie wie wir alle ein Produkt einer Gesellschaftsordnung sind, in welcher der übermächtige individualistische Komplex die Menschen blind macht.

Darum empfehle ich, daß wir über unsere kulturellen Grenzen hinausgreifen und sorgfältig die Mythen und die Lebensweise der wirklich erdverbundenen Völker studieren. Diese alten Völker haben schon existiert, bevor die Menschheit auf den Gedanken kam, die Erde zu unterwerfen. Heute sind ihre Kultur und ihr Wissen über das Erreichen des »wilden« Zustandes ebenso bedroht wie die Wildnis selbst. Mit der Vernichtung der Wildnis vernichten wir auch das Potential der menschlichen Psyche, frei und unabhängig zu werden und sich mit der Welt spirituell zu vereinigen. Wir verlieren die Chance, eine Gesellschaft aufzubauen, welche die Gesetze und die Tiefe der Wildnis widerspiegelt. Es gibt keinen besseren Wegweiser als die initiatorischen und gesellschaftlichen Werte, die es eingeborenen Frauen ermöglichen, in Harmonie mit der bewußten, ungezähmten, natürlichen Welt zu leben und mit ihr zu kommunizieren.

Die Befürworter der »Rückkehr zum Archaischen« gleichen jenen, die Philosophien des Ostens in die moderne westliche Welt importiert haben: Sie greifen nur einige wenige Elemente der spirituellen und schamanistischen Überlieferungen heraus und trennen sie von der Gesellschaft als Ganzes. Die Abspaltung des spirituellen Elements von der Fülle dieser kulturellen Kräfte fördert einen Individualismus, der nach persönlicher Erleuchtung, persönlicher Leistung und persönlicher Erlösung strebt.

Selbst in unserer Gesellschaft, die uns der Natur entfremdet, ist noch eine persönliche förmliche und formlose Initiation möglich, da die initiatorischen Muster – Tod und Wiedergeburt – ein Teil des Lebens selbst sind. Sie ersetzt jedoch nicht das dreifache Band zwischen Natur, Kultur und Psyche, das von fundamentaler Bedeutung für die menschliche Existenz ist.

Einer der ergreifendsten Werte der Naturvölker – er ermöglicht ihnen eine tiefe, einfühlsame Beziehung zur natürlichen Welt – lebt dank der Frauen fort, die im Gegensatz zu Bunbunduluai ihrer Mutterrolle treu bleiben. Das körperlich unentwickelte Menschenkind ist nach seiner Geburt nicht nur völlig abhängig von der Brust und dem Körper der Mutter, sondern auch von ihrer Kultur und ihrem Verhalten. Die traditionelle australide Kultur verlangt von der Mutter, die Leere der kindlichen Hilflosigkeit durch Fürsorge, ständige Zuneigung, Großzügigkeit und tiefes Mitgefühl für alle Wesen zu füllen. Dieses Mitgefühl ist in dem Augenblick gefordert, wo das kleine Kind auf der

Suche nach Nahrung dem unumstößlichen Gesetz der irdischen Existenz folgt: Das eigene Leben hängt vom Leben aller Wesen der Umwelt ab und ist auf das Opfer oder den Tod anderer Geschöpfe angewiesen.

»Mitgefühl wird dem Kind von dem Moment an gelehrt, wo es nach Essen oder einem anderen Ding greift und es an den Mund führt. Die Mutter oder eine andere Verwandte nutzt diese Gelegenheit und bittet das Kind, seinen Besitz mit ihr zu teilen. Selbstverständlich nimmt die Mutter dem Kind nie etwas weg, und sie verbietet ihm nichts, was es haben will; aber sie täuscht immer wieder vor, auf die Großzügigkeit des Kindes angewiesen zu sein. Diese ständige Dramatisierung durch die Mutter wird von einer offenen Gesellschaft verstärkt, in der die Menschen alles miteinander teilen. Immer wenn ein schwaches, krankes oder harmloses Geschöpf – Mensch oder Tier – den Weg des Kindes kreuzt, macht die Mutter ein großes Aufheben und überschüttet es mit Aufmerksamkeit, selbst wenn es sich nur um eine kleine Eidechse handelt: ›Armes Ding‹, ruft sie mit betonter Herzlichkeit. Einem hungrigen Menschen oder einem hungrigen Tier wird niemals Nahrung verweigert. Das Kind erlebt eine Welt, in der Mitgefühl und Mitleid auf drastische Weise jenen zuteil werden, denen es zeitweilig am schlechtesten geht. Die ständige Überbetonung des Mitgefühls durch die Mutter während der ersten Jahre stimmt die Gefühle des Kindes auf Unterstützung, Wärme und Großzügigkeit ein.«[5]

In seiner Rede über die universelle Liebe nennt auch Buddha die Mutterschaft das Modell, auf dem das Mitgefühl gründet. »So wie eine Mutter unter Einsatz ihres Lebens ihr Kind schützt und liebt, so soll auch ein Mann die ganze Welt lieben – oben, unten, in allen Richtungen, bedingungslos, ungetrübt von anderen oder gegensätzlichen Interessen ... Diese Einstellung ist die beste der Welt.«[6] Es ist, als blicke Buddha, der sich von seiner verderbten, auf dem Kastensystem und dem Ackerbau basierenden Gesellschaft abwandte, auf den vergangenen Zyklus der eingeborenen Kulturen zurück, aus dem die Zivilisation hervorging. Buddhas Lehre von der bedingten Entstehung, eine Vision, in der die Menschheit ständig mit der gesamten physikalischen Welt kommuniziert, ist sehr wahrscheinlich keine Beschreibung eines transzendenten Bewußtseinszustandes, den die Menschen erst noch erreichen müssen, sondern eine nostalgische, sehnsüchtige Erinnerung an die Einsicht der alten Zeit.

Im australiden Mythos von Bunbunduluai empfindet der junge Mann kein Mitgefühl – denn seine Mutter hat es in einer entscheidenden Lebensphase nicht in ihm erweckt. Statt seine irregeleitete Mutter zu begrüßen, die ihn nun wieder für sich beansprucht, schlägt er sie mit einem Stein tot und versucht gar nicht erst, sie zu verstehen. Das Mitgefühl, das Bunbunduluai nie gelernt hat, ist unerläßlich, um die notwendigerweise aggressive Natur des Mannes auszugleichen und ihn in eine harmonische, gruppenorientierte Gesellschaft zu integrieren. Seine Tat symbolisiert die Vollendung eines Zyklus, in dem die Mutter dafür bestraft wird, daß sie ihre überaus wichtige archetypische Rolle aufgegeben hat.

Wir können also Bunbunduluais Sohn als den Archetypus der heutigen männlichen Psyche betrachten, die nicht aufhört, Gewalt, Tod und Zerstörung zu verbreiten. Beispiele dafür sind die Straßengangs in Los Angeles ebenso wie die Wissenschaftler, die Labortiere quälen, um ihre Chemikalien zu testen – und alle, die jeden Tag üppig essen, einem

Beruf nachgehen und allerlei Unterhaltung genießen, während Millionen von Menschen leiden und hungern müssen. Die unersättlichen Manipulatoren der Macht in der Politik und in der Wirtschaft nehmen für sich das Recht in Anspruch, ungeachtet des Leidens, des Todes und der Zerstörung in der Welt ohne Mitgefühl zu handeln, und darauf beruht unsere Weltordnung. Wir alle sind Bunbunduluais mitleidslose Geschwister. Wenn wir von unserer Individualität so eingenommen sind, daß wir uns mit anderen Menschen und mit unserer Umwelt nicht mehr identifizieren, wenn wir die Erde ausbeuten, als wäre sie kein lebendes Wesen, dann morden wir in der Tat unsere Mutter.

Wann hat die Geschichte diese Wendung genommen? Viele Prähistoriker deuten auf den Nahen Osten, den Geburtsort der jüdisch-christlichen Gesellschaft. Hier mußten Volksgruppen vor etwa 3000 Jahren erleben, wie die Erde ihnen den Nährboden entzog. Ursachen dafür waren offenbar ungünstige Umweltbedingungen und ein hartes Klima. Das Alte Testament beginnt mit der Geschichte vom Verlust einer natürlichen Umwelt, einer Heimat, die diese Stämme wie ein Garten ernährt hatte. Vielleicht spiegelt die Ursünde – ein von Furcht ergriffenes und egozentrisches Bewußtsein – die Erfahrung dieser Urvölker wider: Sie verloren das tiefe Gefühl, an einen bestimmten Ort der Erde zu gehören. Ebenso fühlt sich ein Kind, das von der Mutter verlassen wurde.

Ist es nicht von symbolischer Bedeutung, daß Moses, der Prophet des autoritären, strafenden und mitleidslosen Gottes Jahwe, ein verlassenes Kind war? Dieses Gottesbild veranlaßte die Menschen, sich von der Heiligkeit der Wildnis und der totemistischen Vision wilder Tiere und Geschöpfe abzuwenden und eine Gesellschaft zu gründen, die auf

Landwirtschaft und Haushaltung basierte, von Männern beherrscht wurde, über eine spirituelle und gesellschaftliche Hierarchie verfügte und es duldete, daß ein »auserwähltes Volk« seine Macht erweiterte, indem es andere Völker unterwarf. Die Idee von einem auserwählten Volk, die das Christentum und alle Kolonialherren später übernahmen, ist der kollektive Ausdruck des »auserwählten«, autonomen Individuums.

»Die Herrschaft der Macht und die Vernichtung Unschuldiger kennzeichnet das Eindringen der Hebräer ins verheißene Land. Als die Hebräer nach Kanaan zogen, um das Land für sich zu beanspruchen, das Gott ihnen versprochen hatte, töteten sie die Menschen, die sie dort vorfanden und hielten diesen Mord nicht für sündhaft. Gott sagt zu Moses über Og, den König von Basan: ›Ich habe ihn in deine Hand gegeben mit Land und Leuten‹ ... Also schlugen sie ihn und seine Söhne und all sein Volk, bis daß keiner übrig blieb, und nahmen sein Land ein.«[7]

Doch kehren wir zu unserer Geschichte zurück und untersuchen wir unsere Situation im gegenwärtigen historischen Zyklus. Ich fürchte, wir befinden uns in einem ähnlichen Stadium wie Bunbunduluai, als sie sich, befreit vom Zauberbann ihrer individualistischen Triebe und Begierden, in einem fernen Land wiederfindet. Nun erinnert sie sich an ihren verlassenen Sohn. Wir können diesen Augenblick anhand vieler Ebenen unserer derzeitigen Erfahrung deuten, sowohl kollektiv als auch individuell. Auf der kulturellen Ebene symbolisiert er die Notwendigkeit, die Paradigmen unserer Herkunft zu revidieren und die fundamentalen Prämissen in Frage zu stellen, welche für die Greueltaten verantwortlich sind, die wir anderen Menschen und unseren kostbaren Lebensgrundlagen zufügen. Auf der psychologischen Ebene hilft er uns zu begreifen, wie unverantwortlich wir uns gegenüber künftigen Generationen verhalten. Nur durch unsere Nachkommen können wir die Qualität und das Fortleben der Menschheit auf Erden beeinflussen.

In unserer Gesellschaft gibt es viele Menschen – vor allem jene, die über psychologisches und spirituelles Wissen verfügen –, die sich bereits wie Bunbunduluai umgewandt haben und verzweifelt zurücklaufen, um wiederzugewinnen, was wir durch die Trennung vom Archaischen verloren haben. Doch wenn wir den ersten zwanghaften Appetit überwunden haben, versetzen uns Reue, Furcht und innere Bedürfnisse in einen Zustand, der oft eine maskierte Panik ist. Bunbunduluai entdeckt die Fußtapfen des Kindes, das sie einst verlassen hat. Sie zeichnen seine Entwicklung zur Reife nach. In ihrer tiefen Verwirrung und Angst eilt sie über den Punkt hinaus, wo die Spuren verraten, daß er bereits erwachsen ist. In diesem Augenblick erkennt Bunbunduluai, daß sie nicht nur ihr Kind verloren, sondern auch gegen ihre kulturellen Normen vestoßen hat, die eine tiefe, ständige Intimität zwischen Mutter und Kind fordern, aber auch den bewußten Verzicht auf die Mutterrolle, wenn ein Heranwachsender initiiert worden ist. Diese Einsicht hätte sie veranlassen sollen, innezuhalten und ihren Verlust, ihren tiefen Kummer und ihre Schuld innerlich zu verarbeiten und Tod und Verzweiflung in eine initiatorische Wiedergeburt zu transformieren.

Statt dessen stürzt sie sich auf den mitleidlosen verlorenen Mann/Sohn – die körperliche Manifestation ihres Vergehens – und beansprucht ihn sogar für sich. Und er erschlägt sie. Vielleicht ist das auch die Alternative, vor der wir stehen: die tiefgründigen metaphysischen Gesetze zu akzeptieren, deren vage Umrisse immer noch in den Überresten der Mythen und der Kultur eingeborener Völker erkennbar sind, und unsere Wiedergeburt einzuleiten oder diese Chance wie der größte Teil unserer Gesellschaft (einschließlich »New Age« und »Mainstream«) zu ignorieren. Im letzteren Fall können wir höchstens versuchen, die uralte Vision in unsere gegenwärtige Gesellschaftsstruktur zu integrieren, ohne uns um die gestörte und verzerrte Beziehung zwischen Psyche, Gesellschaft und Erde zu kümmern, die das Fundament dieser Struktur bildet.

Dieser australide Mythos ist keine fatalistische Prophezeiung. Wie alle anderen Formen der australiden rituellen Kultur enthüllt er vielmehr ein breites Spektrum von Möglichkeiten. Ich glaube, daß die Wahlmöglichkeit, die Bunbunduluai abgelehnt hat, die Lösung unseres heutigen Dilemmas darstellt. Als Frauen besitzen wir ein mitfühlendes, lebensspendendes Bewußtsein, und unser angeborener Mut und unsere natürliche Liebe zum Leben ermöglichen es uns, die historische Abweichung zu verstehen, die uns in die gegenwärtige Krise geführt hat. Wir sind in der Lage, diesen Fehler zu verzeihen oder ihn zumindest zu akzeptieren. Allerdings müssen wir zunächst die Vorstellung aufgeben, daß wir Opfer sind; wir müssen unsere Wunden heilen und sie als Initiation und Vorbereitung auf die bevorstehenden Kämpfe betrachten.

Diese alten Geschichten erlauben uns einen Blick in die unbegrenzte Macht des ursprünglichen Weiblichen, das Leben hervorbringen und regenerieren kann. Die Übersetzung dieser Mythen getreu den australiden Quellen verdanken wir K. Langloh Parker, einer kinderlosen Frau. Ein australides Mädchen rettete ihr das Leben, und vielleicht bewogen ihre natürlichen mütterlichen Gefühle sie deshalb, die

Menschen ihrer Zeit mit diesen Geschichten vertraut zu machen. Die Mythen bilden ein Glied in einer Kette, die uns mit der Energie und der Kraft der traditionellen Australidinnen verbindet. Diese Frauen haben zur Zeit Katie Parkers die Essenz dieses uralten Realitätsverständnisses unter den überaus schwierigen Bedingungen der kulturellen und spirituellen Desillusionierung bewahrt – und sie tun es heute noch.

Anmerkungen

Vorwort

1 Marcie Muir, My Bush Book: L. Langloh Parker's 1890's Story of the Outback Station Life (Sydney; Rigby Publishers, 1982), S. 25

2 Ebenda, S. 46

3 K. Langloh Parker, Australian Legendary Tales, hrg. von H. Drake Brockman (Sydney: Angus and Robertson, 1974), S. VI

4 Muir, My Bush Book, S. 173

5 Ebenda

6 Ebenda, S. 171

7 K. Langloh Parker, The Euahlayi Tribe: A Study of Aboriginal Life in Australia (London: Constable, 1905), S. 7

8 Ebenda, S. 42

9 Ebenda, S. 44–46

10 Ebenda, S. 48

Einführung

1 Robert Tonkinson, The Maradudjara Aborigines: Living the Dreaming (New York: Holt, Rinehart & Winston, 1978), S. 35

2 Marija Gimbutas, The Language of the Goddess (San Francisco: Harper & Row, 1989), S. XX

3 Jennifer Isaacs, Australian Dreaming – 40 000 Years of Aboriginal History (New York: Landsdowne Press, 1987)

4 Marcie Muir, My Bush Book: L. Langloh Parker's 1890's Story of Outback Station Life (Sydney: Rigby Publishers, 1982), S. 114

5 Ebenda

6 Die höhere Schätzung basiert auf den Befunden des Archäologen Gurdip Singh und wurde in neuerer Zeit gestützt durch die Entdeckung von Holzkohleresten in einem Bohrloch im Bett des Großen Barriere-Riffs. Man stellte fest, daß vor 150 000 Jahren die Zahl der Feuerstellen zugenommen hat. Es kann sich durchaus um Feuer der Aborigines handeln. G. Singh, N. D. Opdyke und J. M. Bowler, Journal of the Geological Society of Australia (April 1981), S. 435–452; Quantum, Fernsehserie der ABC (Juli 1992)

7 Robert Lawlor, Voices of the First Day: Awakening in the Aboriginal Dreamtime (Rochester: Inner Traditions International, 1991), S. 15

8 Ebenda, S. 266

9 Ebenda

10 Ebenda, S. 283

11 Royal Commission Report into Aboriginal Deaths in Custody, 11 Bände
    (Canberra: Australian Government Publishing Services, 1991)

12 Gespräch mit Darren McLeod, einem australiden Schriftsteller (Februar
    1992)

13 Fred Myers, Pintupi Country, Pintupi Self (Washington: Smithsonian In-
    stitution Press, 1986), S. 107

Wawie und Nerida – Das Wasserungeheuer und die Seerose

1 Max S. Shapiro und Rhoda A. Hendricks, A Dictionary of Mythologies
   (London: Paladin Books, 1981), S. 154

2 Barbara Walker, The Woman's Encyclopedia of Myths and Secrets (San
   Francisco: Harper & Row, 1983), S. 786

3 G. A. Gaskell Dictionary of All Scriptures and Myths (New York: Avenel
   Books, 1981), S. 241

4 Shapiro und Hendricks, S. 160

5 Walker, The Woman's Encyclopedia, S. 316

6 K. Langloh Parker, The Euahlayi Tribe: A Study of Aboriginal Life in
   Australia (London: Constable, 1905), S. 137

7 Ebenda, S. 54

8 Ebenda, S. 52

9 Rex Warner, Encyclopedia of World Mythology (London: Peerage
   Books, 1975), S. 240

10 Walker, The Woman's Encyclopedia, S. 542

Dinewan, der Mann, verwandelt sich in Dinewan, das Emu

1 Barbara Walker, The Woman's Encyclopedia of Myths and Secrets (San
   Francisco: Harper & Row, 1983), S. 750

2 K. Langloh Parker, More Australian Legendary Tales (London: David
   Nutt, 1898), S. XII

3 Judith Ryan, Spirit in Land: Bark Paintings from Arnhem Land (Victoria: National Gallery of Victoria, 1990), S. 111

Prachtwicke, die Blutblume

1 Robert Lawlor, Voices of the First Day: Awakening in the Aboriginal
   Dreamtime (Rochester: Inner Traditions International, 1991), S. 45 f

2 Marion Woodman, The Ravaged Bridegroom: Masculinity in Women
   (Toronto: Inner City Books, 1990), S. 19

3 Barbara Walker, The Woman's Encyclopedia of Myths and Secrets (San
   Francisco: Harper & Row, 1983), S. 1002

4 Ebenda, S. 375
5 G. A. Gaskell, Dictionary of All Scriptures and Myths (New York: Avenel Books, 1981), S. 344
6 Rex Warner, Dictionary of World Mythology (London: Peerage Books, 1975), S. 247
7 Walker, The Woman's Encyclopedia, S. 886
8 The Encyclopaedia Britannica: A Dictionary of Arts, Science, Literature & General Information, 11. Aufl., Bd. 21 (Cambridge, England: University Press, 1911), S. 68
9 Lawlor, Voices of the First Day, S. 334

Woher der Frost kommt

1 Giorgio de Santillana und Hertha von Dechend, Hamlet's Mill (Boston: Gambit, 1969), S. 46–50
2 Barbara Walker, The Woman's Encyclopedia of Myths and Secrets (San Francisco: Harper & Row, 1983), S. 803
3 Ebenda
4 Ebenda
5 Max S. Shapiro und Rhoda A. Hendricks, A Dictionary of Mythologies (London: Paladin Books, 1981), S. 158
6 G. A. Gaskell, A Dictionary of All Scriptures and Myths (New York: Avenel Books, 1981), 5. 368
7 Shapiro und Hendricks, S. 145
8 Giorgio de Santillana und Hertha von Dechend, S. 124 f
9 Joseph Campbell, »Mythologies of the Primitive Hunters and Gatherers«, The Historical Atlas of World Mythology, Bd. 1, The Way of the Animal Powers, S. 33
10 K. Langloh Parker, The Euahlayi Tribe: A Study of Aboriginal Life in Australia (London: Constable, 1905), S. 37
11 Ebenda, S. 36

Murga Muggui, die Spinne

1 Karl von Frisch, Animal Architecture (New York: Harcourt Brace Jovanovich, 1974), S. 28–33
2 Encyclopaedia Britannica, 11. Aufl., Bd. 25 (Cambridge: University Press, 1911), S. 665
3 Barbara Walker, The Woman's Encyclopedia of Myths and Secrets (San Francisco: Harper & Row, 1983), S. 1034
4 Rex Warner, Encyclopedia of World Mythology (London: Peerage Books, 1975), S. 30

5 Walker, The Woman's Encyclopedia, S. 217

6 Ebenda, S. 958

7 Ebenda, S. 215

8 Ebenda, S. 366

9 Buffie Johnson, Lady of the Beasts (San Francisco Harper & Row, 1988), S. 214

Bralga, der tanzende Vogel

1 Walter F. Otto, Dionysus – Myth and Cult (Dallas: Spring Publications, 1981), S. 84

2 K. Langloh Parker, The Euahlayi Tribe: A Study of Aboriginal Life in Australia (London: Constable, 1905), S. 35

3 Ebenda, S. 27 f

4 Ebenda, S. 52

5 Ebenda, S. 84

Piggiebilla, das Stachelschwein

1 K. Langloh Parker, The Euahlayi Tribe: A Study of Aboriginal Life in Australia (London: Constable, 1905). S. 56–57

2 Ron Vanderwal (Hrg.), The Aboriginal Photographs of Baldwin Spencer (Victoria: Viking O'Neil, 1987), S. 100–102

3 Max S. Shapiro und Rhoda A. Hendricks, A Dictionary of Mythologies (London: Paladin Books, 1981), S. 11

4 Ebenda

5 Barbara Walker, The Crone (San Francisco: Harper & Row, 1985), S. 49

6 Es ist weitgehend anerkannt, daß die Brüste nicht nur Milch, sondern auch eine andere, klare Flüssigkeit absondern können. Viele Kulturen waren der Meinung, daß dieses Sekret es älteren Frauen auch nach der Menopause ermögliche, Kinder anderer Frauen zu säugen. Rufus C. Camphausen, The Encyclopedia of Erotic Wisdom (Rochester: Inner Traditions International, 1991), S. 27

7 Robert Anton Wilson, Ishtar Rising (Las Vegas: Falcon Press, 1989), S. 27

8 Parker, The Euahlayi Tribe, S. 57

Der Regenvogel

1 K. Langloh Parker, The Euahlayi Tribe: A Study of Aboriginal Life in Australia (London: Constable, 1905), S. 38

2 Angeblich machten christliche Missionare diesen Praktiken ein Ende.

3 Parker, The Euahlayi Tribe, S. 101

4 Buffie Johnson, Lady of the Beasts (San Francisco: Harper & Row, 1988), S. 117

5 Ebenda

6 Jean Shinoda Bolen, Goddesses in Every Woman (New York: Harper & Row, 1984), S. 48

7 Johnson, S. 117

Geschichten von magischen Kräften

1 Robert Lawlor. Voices of the First Day: Awakening in the Aboriginal Dreamtime (Rochester: Inner Traditions International, 1991), S. 179

2 K. Langloh Parker, The Euahlayi Tribe: A Study of Aboriginal Australia (London: Constable, 1905), S. 46

3 Ebenda, S. 40

4 Die moderne Psychologie interessiert sich seit kurzem für das vorgeburtliche Bewußtsein des Ungeborenen, und die Erinnerungen des Menschen an die Zeit vor der Geburt werden intensiv erforscht. Im australiden Ritual muß das Kind in seine neue Welt gelockt werden. John Richard und Troye Turner, »Round Pegs in Round (W)Holes« in The Whole Person (Hurstbridge, Okt./Nov. 1991)

5 Ebenda, S. 51 f

6 Ebenda, S. 52

7 Ebenda, S. 51

8 Sylvia Brinton Perera, Descent to the Goddess (Toronto: Inner City Books, 1981), S. 39

9 Parker, The Euahlayi Tribe, S. 53

Die Wirrinun-Mutter und ihr Wirrinunsohn

1 K. Langlob Parker, The Euahlayi Tribe: A Study of Aboriginal Life in Australia (London: Constable, 1905), S. 115

2 Max S. Shapiro und Rhoda A. Hendricks, A Dictionary of Mythologies (London: Paladin Books, 1981), S. 100

3 Alain Daniélou, The Myths and Gods of India (New York: Inner Traditions International, 1991), S. 273

4 Parker, The Euahlayi Tribe, S. 38

5 Barbara Walker, The Woman's Encyclopedia of Myths and Secrets (San Francisco: Harper & Row, 1983), S. 136

6 Ebenda, S. 137

7 Parker, The Euahlayi Tribe, S. 22

8 Ebenda, S. 36

9 Ebenda, S. 27

Die Rotkehlchen

1 Robert Lawlor, Voices of the First Day: Awakening in the Aboriginal Dreamtime (Rochester: Inner Traditions International, 1991), S. 165 f
2 Ebenda, S. 309
3 Jean Liedloff, The Continuum Concept (Reading: Addison-Wesley, 1985), S. 120
4 C. Gasquoine Hartley, The Truth about Women (New York: Dodd, Mead, 1913), S. 142

Die Bachstelze und der Regenbogen

1 G. A. Gaskell, Dictionary of All Scriptures and Myths (New York: Avenel Books, 1960), S. 609
2 Barbara Walker, The Woman's Encyclopedia of Myths and Secrets (San Francisco: Harper & Row, 1983), S. 840
3 Ebenda, S. 841
4 Gespräche mit Bobby McLeod, dem australiden Sänger und Aktivisten, im August 1992
5 Holger Kalweit, Dreamtime & Inner Space – The World of the Shaman (Boston: Shambala, 1988), S. 104
6 Walker, The Woman's Encyclopedia, S. 841

Gunur, die Medizinfrau

1 Zitiert nach Robert Lawlor, Voices of the First Day: Awakening in the Aboriginal Dreamtime (Rochester: Inner Traditions International, 1991), S. 370
2 K. Langloh Parker, The Euahlayi Tribe: A Study of Aboriginal Life in Australia (London: Constable, 1905), S. 21
3 Marcie Muir, My Bush Book: K. Langloh Parker's 1890's Story of Outback Station Life (Sydney: Rigby Publishers, 1982), S. 146
4 Karl von Frisch, Animal Architecture (New York: Harcourt Brace Jovanovich, 1974), S. 104
5 Ebenda
6 Ebenda, S. 106
7 Ebenda, S. 107
8 Ebenda
9 Joseph Campbell, Historical Atlas of the World Mythology, Bd. 1, Teil 2 (New York: Harper & Row, 1988), S. 144
10 »Highfrontiers« in Mondo 2000, Nr. 3, 1987, S. 132
11 Ebenda, S. 133
12 K. Langloh Parker, The Euahlayi Tribe, S. 42

13 Paul Callinan, »Homeopathy: How and Why It Works« in Simply Living, Australien, Winter 1989, S. 19

14 Gespräch mit Dr. Grant Lambert im Oktober 1992

15 Michael Harner, Hallucinogens and Shamanism (London. Oxford University Press, 1973), S. 128

16 Barbara Walker, The Woman's Encyclopedia of Myths and Secrets (San Francisco: Harper & Row, 1183), S. 436–448

17 Callinan, S. 20

18 Louis Pascal, »What Happens When Science Goes Bad. The Corruption of Science and the Origin of AIDS: A Study of Spontaneous Generation«, Arbeitspapier Nr. 9, Science and Technology Analysis Research Programme, New South Wales, Australien: University of Wollongong, Dez. 1991

19 Parker, The Euahlayi Tribe, S. 42

20 Diane Bell, Daughters of the Dreaming (Melbourne: McPhee Gribble Publishers, 1983), S. 154

Die Bunbunduluai

1 Encyclopaedia Britannica, 11. Aufl Bd. 28 (Cambridge: Cambridge University Press, 1911), S. 895

2 Charles Derber, »A Nation Gone Wild«, Utne Reader, März/April 1993, S. 67; Auszug aus Money, Murder and the American Dream: Wilding from Wall Street to Main Street (Winchester: Faber & Faber, 1992)

3 Sara Rajan, Civilizing the Wolf (Santa Cruz: unveröffentl., 1993), S. 2

4 The Box: Remembering the Gift (Santa Fe: Terma Company, 1993)

5 Robert Lawlor, Voices of the First Day: Awakening in the Aboriginal Dreamtime (Rochester: Inner Traditions International, 1991), S. 247

6 Barbara Walker, The Woman's Encyclopedia of Myths and Secrets (San Francisco: Harper & Row, 1983), S. 694

7 Andrew Bard Schmookler, The Parable of the Tribes (Boston, Houghton Mifflin, 1986), S. 46

Literaturverzeichnis

Alle Mythen sind den folgenden drei Büchern entnommen:

K. Langloh Parker, Australian Legendary Tales: Folklore of the Noongahbur-
   rahs as Told to the Piccannies. Gesammelt von K. Langloh Parker. Ein-
   führung von Andrew Lang. London: David Nutt, Melbourne: Melville,
   Mullen & Slade, 1898
   The Rainbirds
   The Redbreasts
   The Wagtail and the Rainbow
   Goonur, the Woman-Doctor
   The Bunbundoolooeys

More Australian Legendary Tales. Gesammelt bei verschiedenen Stämmen
   von K. Langloh Parker. London: David Nutt, Melbourne: Melville,
   Mullen & Slade, 1896
   Sturt's Desert Pea, the Blood Flower
   Where the Frost Comes From
   Bralgah, the Dancing Bird
   Piggiebillah, the Porcupine

Woggheeguy: Australian Aboriginal Legends. Gesammelt von Catherine
   Stow (Pseudonym von K. Langloh Parker). Adelaide: Hassell, 1918
   Wahwee and Nerida: The Water Monster and the Water Lily
   Dinewan the Man Changes to Dinewan the Emu
   Murgah Muggui, the Spider
   Moodoobahngul, the Widow
   The Wirreenun Woman and Her Wirreenun Son